Collection
Polars réels
Dirigée par
Plana Radenovic

Sambre, l'autre rive

Dans la même collection

Thibault Tellier, *L'Enfant de La Courneuve* (2024)
Loïc Bussy, *L'éternelle innocente* (2024)
Romuald Muller, Élodie Rabé, *Ce petit morceau de tissu rouge* (2023)
Rédoine Faïd, *Depuis l'enfer gris* (2023)
Martine Henry, *Moi, maman de Jonathann* (2022)

9, rue de l'École-Polytechnique – 75005 Paris
www.michalon.fr
ISBN : 978-2-347-00350-0

Margaux Mathieu
avec Plana Radenovic

Sambre, l'autre rive

*Défendre la défense :
récit d'un procès hors norme*

Michalon Éditeur

À Éric et Hervé,
pour leurs précieux enseignements
qui accompagnent chaque jour
ma pratique du métier ;

À Clément, C. et A., pour tout le reste.

Les avocats refusent d'être dans la prédication
et la condamnation. Ils rejettent le manichéisme,
la lapidation, la chasse à l'homme, la meute.
Tout serait si simple s'il y avait les bons d'un côté
et les méchants de l'autre… Qui peut imaginer
que l'on soit complaisant avec le viol
parce que l'on défend un violeur ?

Hervé Temime,
Secret défense (2020)

Préface

26 février 2018, un lundi. Dans la nuit noire d'un tout petit matin d'hiver, les enquêteurs de la police judiciaire de Lille en planque devant une maisonnette de briques du village de Pont-sur-Sambre ont le cœur battant. Le «violeur de la Sambre», comme ils l'ont surnommé, ce *cold case* de trente ans sur lequel des générations de policiers chevronnés se sont cassé les dents, a désormais un nom. Il s'appelle Dino Scala. Si «Monsieur Tout-le-monde» n'existe pas, cet ouvrier mécanicien-monteur, âgé de 58 ans, père de famille et depuis peu grand-père, en a tous les atours. Entraîneur du club de foot local, il passe ses week-ends à tailler les haies ou à faire des courses pour sa mère. Le soir, après le travail, il se rend chez son beau-père malade, qu'il soigne et nourrit sous les yeux attendris de sa médecin-soignante, qui viendra d'ailleurs en témoigner au procès. Dino Scala est aussi l'un des plus importants violeurs en série

de l'histoire criminelle française, son nom s'ajoute à une trop longue liste d'affaires sordides dont les femmes paient le prix fort. Des faits monstrueux commis par un homme de notre espèce. Il pourrait être notre voisin, notre collègue, notre ami. Vertige.

Le commandant Franck Martins, truculent personnage et grand flic connu pour son flair exceptionnel, dirige l'enquête. « Quand je l'ai vu sortir ce matin-là, j'ai su que c'était lui », m'a-t-il dit plus tard, bien plus tard. Il revivait la scène. Entièrement vêtu de noir, du bonnet jusqu'aux gants, Dino Scala est alors comme déguisé en le rôle dont il est suspecté. Un Opinel dans sa poche. Le « violeur de la Sambre », cet épais dossier policier avant d'être une personne de chair et d'os, sévissait le matin, en hiver, sur le chemin de quarante-cinq minutes entre le lit conjugal et l'usine de Jeumont Electric où il travaillait depuis des décennies.

Sur ce parcours quotidien, l'accusé a tenté d'expliquer lors de son procès que, soit il « prenait à gauche à la sortie du tunnel noir » et parvenait alors à se rendre sur son lieu de travail sans agresser, soit il « tournait à droite » et alors il savait qu'il agresserait. Il repérait une victime, souvent des femmes qui se rendaient au travail à pied, puis il se garait. S'il ne trouvait pas de place, il repartait, avait-il dit aux enquêteurs. Une précision à la banalité si déroutante dans le récit d'un crime. Une fois sa voiture garée, il suivait des femmes, le plus souvent sans rien faire, puis parfois, il attaquait, par derrière, les immobilisant au moyen d'un étranglement commando, une technique qu'il avait apprise à l'armée. Avec une cordelette, ou sans. Puis, sous la menace d'un couteau, la plupart du temps il les emmenait dans un endroit isolé. Pour commettre des agressions sexuelles (des attouchements sur la poitrine et/ou les fesses, cela concerne la majorité des faits pour lesquels il a été condamné), allant à plusieurs reprises jusqu'à violer. Dino Scala a été condamné pour 16 viols – un viol étant, selon le code pénal, « *tout acte de pénétration sexuelle, de quelque nature qu'il soit, ou tout acte bucco-génital commis sur la personne d'autrui ou sur la personne de l'auteur par violence, contrainte, menace ou surprise* ». Ce sont les faits les plus graves, des faits criminels, pour lesquels la peine maximale encourue est de quinze ans de prison, voire vingt ans en cas de circonstances aggravantes.

Ce 26 février 2018, Dino Scala monte dans sa voiture. Il prend le chemin habituel qui le mène à son travail. Comme si sa vie n'allait pas basculer. Cette voiture, c'est la Peugeot 206 bleue qui l'a confondu un peu plus tôt, lors de sa dernière agression sexuelle. C'était le 5 février 2018, à la gare d'Erquelinnes, petit bourg à la frontière belge. Il a touché la poitrine d'une jeune fille de 15 ans puis s'est enfui. Sa voiture était garée sur le parking de la gare, sous une caméra de vidéosurveillance récemment installée.

Pour arrêter Dino Scala, les policiers français profitent d'un ralentissement à un rond-point. Immédiatement, il avoue au commandant de police en charge de l'enquête qu'il est bien l'agresseur qu'il recherche, précisant avoir commis « beaucoup » d'agressions. Lors de sa garde à vue, après un temps de silence, il veut s'expliquer, « pour les victimes », dit-il. « Je m'attendais à me faire arrêter, et ça m'a fait du bien », lâche-t-il aux policiers médusés. Dino Scala semble ne pas vouloir échapper à ses crimes. Il avoue une quarantaine d'agressions alors qu'à ce stade, ne lui en sont reprochées « que » dix-neuf. Les enquêteurs de la police judiciaire de Lille, désarçonnés, le qualifient alors de « bon père de famille à la personnalité complexe ».

Car Dino Scala, qui lors de son arrestation n'a jamais vu un psychologue ni un psychiatre de sa vie, tente d'expliquer ses actes par la coexistence d'un « Dino 1 » et d'un « Dino 2 ». Dino 1 est un bon collègue, un bon entraîneur de foot, un bon voisin, un soutien pour sa femme qui fait face à des épisodes dépressifs, et un père aimant pour ses trois enfants, deux filles et un garçon. Dino 1 a des relations sexuelles tout à fait classiques. Ce portrait alors un peu hâtif va se fissurer ensuite, mais c'est exactement le propre des apparences. Dino 2, lui, succombe, selon les termes des experts psychiatres à des « pulsions incoercibles », auxquelles il ne peut résister et qu'il ne s'explique pas. Ces mêmes experts psychiatres qui l'examineront lors de l'instruction expliqueront que ses victimes sont pour lui des « ombres sans visages ».

Chose rare, la médiatisation, peu intense durant l'instruction, a été plus dense lors du procès. Elle s'est ensuite concentrée sur les victimes, invisibilisant Dino Scala, à travers la publication d'un livre portant sur l'enquête et le récit des victimes[1], puis la diffusion d'une série[2], *Sambre*, fiction « librement inspirée » de l'affaire. Dans cette mini-série qui a rencontré un grand succès, que le grand public a tendance à confondre avec la réalité, l'agresseur est nommé « Enzo ». Mais qu'importe son nom, puisqu'il devient un figurant dans sa propre histoire. Relégué au rang d'abstraction, Dino Scala personnifie ainsi ces années de prise en charge déplorable des victimes de violences sexuelles, interrogées parfois comme des suspectes, pas crues, dont les plaintes ont même parfois été égarées. Que le violeur de la

1. Alice Géraud, *Sambre. Radioscopie d'un fait divers*, JC Lattès, 2023 ; Le Livre de poche, 2024.
2. *Sambre*, mini-série franco-belge créée par Alice Géraud et Marc Herpoux, et réalisée par Jean-Xavier de Lestrade (2023).

Sambre soit humain, complexe, inattendu, se met en travers de la narration d'une histoire fluide et scénarisée, dans l'air du temps. « Ne laissez pas la réalité se mettre en travers d'une bonne histoire », m'avait un jour glissé un vieux chef en souriant. J'y repense souvent.

Raconter une affaire judiciaire par le seul prisme du récit des victimes est un choix, un point de vue, ce que nous, journalistes, nommons un angle. Il est fondamental pour une société de prendre en considération la parole des victimes, quelles qu'elles soient. J'ai d'ailleurs interviewé l'une d'entre elles quelques mois avant le procès de Dino Scala. Mélanie, une femme de l'armée des « ombres sans visage ». C'est elle qui avait fait, avec la police, le premier portrait-robot de son agresseur. Jamais diffusé en France, pour ne pas parasiter l'enquête tant l'homme ressemblait à tout le monde. Dégarni, quelques cheveux bruns, un nez fort, le visage ovale. Ce portait avait été diffusé en Belgique, notamment au café en face de la mairie d'Erquelinnes, celui où Dino Scala avait l'habitude de boire des bières. Personne ne l'a reconnu. Parce que ça ne collait pas. Mélanie voulait, m'avait-elle dit alors, « le regarder dans les yeux », la tête haute. Cette jeune femme à la force impressionnante souhaitait comprendre. Comprendre ce que son agresseur avait dans la tête, qui il était, pourquoi il l'avait agressée. Notre société aussi, au-delà de l'émotion – légitime – suscitée par les récits des victimes, se doit de comprendre comment un homme qualifié d'ordinaire en arrive à commettre de tels faits, si longtemps.

L'affaire Scala – c'est ainsi que je l'ai envisagée depuis que je la suis pour le *Journal du dimanche*, depuis l'arrestation de Dino Scala, puis aujourd'hui pour la radio RTL – est symptomatique de l'omerta qui a longtemps entouré, et qui entoure encore, les violences sexuelles. Omerta qui commence dans la famille incestueuse dans laquelle a grandi Dino Scala et sa fratrie.

Lorsque j'ai rencontré Margaux Mathieu pour la première fois, elle était avocate au sein du cabinet d'Hervé Temime, un très grand avocat pénaliste, décédé en 2023, aux côtés duquel elle m'a confié avoir beaucoup appris. Les pénalistes ont souvent un mentor, c'était le sien. En la voyant, avec son sourire avenant et son regard clair, m'a traversé l'esprit cette question très grand public : « Comment peut-elle défendre un violeur en série ? » Comment peut-elle, étant une femme, s'entretenir avec lui des heures durant dans un étroit parloir avocats de la prison de Sequedin, près de Lille, où il est incarcéré ? Comment peut-elle le respecter autant, l'appeler « monsieur Scala » ? Plus tard, au procès, le nombre des avocats des parties civiles, face à elle, seule ou parfois assistée de sa consœur Jane Peissel, m'a fait l'effet d'un balancier déséquilibré. Son excellente connaissance et de son client, et du dossier, ainsi que tout ce qu'elle a à partager sur la défense de cet homme, qui n'a jamais été évoqué ailleurs que devant la cour d'assises qui l'a jugé, ni jamais débattu au-delà, a achevé de me convaincre de la nécessité de cet ouvrage. Qu'elle accepte de l'écrire dans ma collection est une vraie chance pour moi, certes, mais elle l'est, je le crois profondément, surtout pour notre société, qui se grandit de nuances de gris.

Plana Radenovic

Avant-propos

La défense pénale a été une évidence. Je m'ennuyais passablement pendant mes premières années de droit. Puis, j'ai assisté à un cours de droit pénal. Pour la première fois, j'ai été attentive. Happée. Le temps s'est suspendu dans l'amphithéâtre. Après cela, je me suis totalement détournée des autres matières, et je n'avais plus qu'une idée en tête : devenir avocate pénaliste. J'ai ensuite suivi des cours de criminologie, « *la science qui étudie les facteurs et les processus de l'action criminelle et qui détermine les moyens de lutte pour contenir et si possible réduire ce mal social* »[3]. La recherche de l'origine des crimes. C'était inouï d'intérêt.

Pourquoi certains hommes commettent des crimes ? Comment expliquer leur passage à l'acte ? La violence de certains hommes ? Je dis *hommes*, même

---

3. Raymond Gassin, *Criminologie*, 6e éd. Dalloz, 2007.

si, bien entendu, les femmes aussi commettent (bien plus rarement) des crimes. À ce sujet, Dominique Simonnot – ancienne journaliste du *Canard enchaîné* dont les chroniques (« Coup de barre ») ont fait le bonheur de ses lecteurs étudiants en droit – a un jour déclaré lors d'une conférence universitaire : « Les prisons sont remplies à 97 % d'hommes… bref, on sait qui fout la merde dans ce monde ! » Au-delà du trait d'humour, ce constat m'a toujours interrogée. C'est une question criminologique à laquelle je n'ai d'ailleurs aucune réponse. Pourquoi les délits et les crimes sont-ils genrés[4] ? Pourquoi sont-ils, de nos jours, en très grande majorité commis par des hommes ?

Existe-t-il des personnalités, des événements, des fragilités, des rencontres, qui favorisent le passage à l'acte criminel ? Comment prévenir la récidive lorsqu'une personne est déjà passée maintes fois à l'acte ? Essayer de comprendre, c'est ce qui m'a poussée vers la défense pénale. Et il ne se passe pas un jour sans

4. Selon l'Insee, les femmes et les hommes ne sont pas impliqués dans le même type de crime ou de délit. Les hommes (82 % des mis en cause) le sont davantage pour des actes plus violents. Ils sont surreprésentés parmi les mis en cause pour violences physiques sur personne de 15 ans ou plus (85 %), pour infractions à caractère sexuel (97 %), pour vol avec violence (93 %) ou encore pour destructions et dégradations (88 %).

que je n'aie la conviction que rien n'est plus beau que ce métier.

Lorsque j'ai été contactée par Plana Radenovic, une journaliste ayant suivi l'affaire Scala depuis ses débuts, pour écrire un livre à ce sujet et plus globalement sur la défense pénale, j'ai d'abord cru qu'un tel exercice serait inutile. Le seul lieu pour évoquer le dossier, critiquer le déroulement de l'enquête, faire état de la personnalité de mon client, est et doit être une cour d'assises. Le procès avait eu lieu, il avait été utile et constructif, bien que critiquable à de nombreux égards. Mais l'ampleur médiatique qui a suivi le procès de Dino Scala m'a fait réaliser qu'il y a le jugement «judiciaire» (la réponse pénale / le procès) sur lequel on peut influer en tant qu'avocat, puis il y a l'opinion publique. Or, la vérité judiciaire intéresse peu l'opinion publique. Curieusement, la fiction passionne davantage, surtout lorsqu'elle est encore plus noire et plus inquiétante que la réalité.

Ne retranscrire que les aspects les plus sombres d'une affaire criminelle, en ajoutant de la monstruosité à ce qui est déjà indicible, en occultant toute la lumière et toute perspective de compréhension… je n'ai jamais adhéré à cela. Les désastres humains qui se retrouvent sur les bureaux des avocats pénalistes et des magistrats de cours d'assises sont déjà tellement désarmants de tristesse et de brutalité qu'il semble tout à fait inutile d'y ajouter quoi que ce soit. Au contraire, je trouve fondamental d'aller chercher la lumière là où il fait noir.

Si les victimes ont tous les droits, notamment celui de considérer l'homme qui m'a confié sa défense comme un monstre et de lui dénier toute humanité, toute existence, il appartient à notre société de chercher à comprendre. Cela ne va pas à l'encontre de l'intérêt des victimes, que l'on place haut aujourd'hui dans notre société. Au contraire, il en va de l'intérêt de tous. C'est pour cela que les droits de la défense sont qualifiés d'absolus, de sacrés, de constitutionnels.

Cette affaire judiciaire que les médias ont désignée comme celle du « violeur de la Sambre » en dit long sur notre société, sur notre justice, sur les comportements humains, et il serait dommage de ne s'intéresser qu'à un versant de celle-ci.

Ce livre a pour dessein d'envisager un autre point de vue, celui de la défense, pour ainsi dire depuis « l'autre rive ».

Margaux Mathieu

Première partie

Défendre un coupable

Ne regardez pas l'honnête homme de trop près,
si vous tenez à lui conserver votre estime ;
ni le scélérat, si vous tenez à lui conserver
votre mépris.

Jean Rostand

P.R. : *Vendredi 10 juin 2022, jour de l'ouverture du procès Scala, nous sommes nombreux, nous journalistes. Presque une centaine. Tous les grands médias sont représentés. Nous sommes regroupés en forêt, de micros, de caméras. Dans le box de la salle des assises, au palais de justice de Douai, Dino Scala apparaît. Il est conforme à l'accusé que nous attendions. Conforme à « monsieur Moyen », comme l'avait nommé le commandant Franck Martins, de la police judiciaire de Lille. Ni grand, ni petit. Ni gros, ni maigre. Ni beau, ni laid. Recroquevillé sur lui-même. Banal.*

Le procès durera trois semaines. On ne sait rien, ou presque rien, de cet accusé. Peu de médias se sont intéressés à sa personnalité, à son histoire. On ne sait rien d'autre que ce qu'il a commis, des dizaines de crimes et de délits sexuels, en grande partie reconnus, contre des dizaines de femmes, pendant des décennies. À tel point que l'on se demande, en ce premier jour, si l'on va juger cet homme dans le box ou uniquement les faits terribles qu'il a commis.

Premier jour du procès

Le jour de l'ouverture du procès de Dino Scala, devant la cour d'assises du Nord, la salle d'audience est difficilement accessible tant il y a de médias amassés devant la porte. Je me faufile entre les journalistes, puis entre les gendarmes. À peine entrée dans la salle, un homme assez grand, d'une cinquantaine d'années, m'interpelle alors que je me dirige vers la place attribuée à la défense (que l'on appelle sobrement « le banc de la défense »). Il attrape la manche de ma robe d'avocat et me pose une question sur un ton plutôt glacial : *comment pouvez-vous défendre cet homme ?* Je comprends qu'il s'agit du mari d'une victime de monsieur Scala. Son regard est dur, on y lit toute la colère qu'il doit ressentir en constatant que l'homme ayant violé sa femme, des faits reconnus, va être « défendu ». Qui plus est par une femme.

Comment ne pas être touchée par la colère absolument légitime de cet homme ? Son geste, son regard, sa colère m'ont marquée. Même si je m'attendais à de telles réactions, je suis déstabilisée. Je réalise que je ne serai pas comprise. Que je susciterai au mieux l'indifférence, au pire une franche animosité. Je suis très embêtée, soudain, d'être seule en défense. Jane Peissel, une brillante consœur avec laquelle j'ai toujours eu grand plaisir à travailler, sera à mes côtés certains jours d'audience, mais même à deux, nous serons bien seules avec nos grandes idées sur la défense pénale, face à la colère titanesque de ces victimes et de leurs proches. Je propose à cet homme de prendre le temps de lui répondre après les trois semaines de procès. Et je pars vers mon banc.

Je me souviendrai toute ma vie de notre échange à la fin du procès. Nous nous sommes retrouvés l'un et l'autre dans la petite foule des « gens du procès », devant la terrasse du café qui se trouve juste à côté du palais de justice de Douai, *Le Longchamp*. Il faisait beau, c'était le début de l'été. La tension du procès, à peine fini, était déjà en train de se dissiper. Les visages, très fermés pendant les trois semaines qui venaient de s'écouler, s'affichaient plus détendus. Le mien aussi probablement. Il était à côté de son épouse, telle une masse la protégeant, ils se tenaient la main et me souriaient tous les deux. Il m'a alors simplement signifié, avec une rare bienveillance et beaucoup d'intelligence, que ce n'était pas la peine de tenter de lui apporter la moindre réponse. Il m'a dit : « J'ai compris pourquoi vous faites ça. Et c'est bien. C'est important. » On sentait une telle complicité entre eux, ils avaient surmonté cette épreuve ensemble. Leur humanité m'a touchée. Tout comme le courage admirable de son épouse venue témoigner de son calvaire quelques jours plus tôt devant la Cour, s'adressant même directement à mon client, son agresseur, avec une dignité et un ménagement qui m'ont laissée sans voix.

Tout le monde n'a pas compris, mais eux oui.

Je me suis dit à ce moment-là que si eux étaient parvenus à comprendre les raisons pour lesquelles tout accusé a droit à une défense, tout le monde devait bien pouvoir en faire de même.

*

Je suis donc seule sur le long banc de la défense le jour de l'ouverture du procès. Dans cette grande salle moderne, entourée de plexiglas. Seule face à l'accusation, représentée par deux avocats généraux, mais aussi face à 56 femmes victimes de violences sexuelles, certaines présentes et assistées par un avocat, d'autres absentes mais dont les déclarations vont être lues à l'audience. La majorité sont des victimes de Dino Scala, d'autres ont été victimes d'hommes qui ne se trouvent pas dans le box des accusés. L'un des enjeux de la défense est en effet d'établir l'hypocrisie et le manque de sérieux des méthodes employées par les enquêteurs, ayant consisté, après l'arrestation et les aveux de mon client, à réouvrir tous les *cold cases* de la région en matière d'agression sexuelle depuis les années 1980, afin de les imputer à Dino Scala lorsque les agressions « ressemblaient » à celles qu'il avait reconnu avoir commis. Cette méthode, les enquêteurs l'ont désignée comme celle du « tamis Scala ».

Je défends un homme coupable, cela ne fait aucun doute, mais également un homme à qui l'on reproche des agressions commises par d'autres individus, jamais retrouvés, jamais inquiétés, toujours en liberté. En tant qu'avocate, mais également en tant que femme, j'ai été choquée par le manque de rigueur infini du système judiciaire dans le traitement de ces affaires. Cela s'est ressenti jusque dans le travail de « sélection » des victimes de Dino Scala. Comme si cela n'avait aucune importance, que ce soit lui ou un autre. Peu importe que le véritable agresseur de certaines victimes coure dehors. Peu importe l'erreur judiciaire qui permettrait à ces derniers de ne jamais être poursuivis. L'essentiel était de rassurer les victimes, de les convaincre que la police avait bien fait son travail, de clore des dossiers, et d'améliorer les statistiques (désastreuses !) de résolution des crimes et délits sexuels…

La cour d'assises du Nord, composée de trois magistrats et de six jurés populaires tirés au sort, sera chargée de déterminer, au terme de trois semaines d'audience, si cet homme est coupable ou non des 56 faits qui lui sont reprochés. Il s'agit en partie de crimes, faits les plus graves, en l'occurrence 17 viols et plusieurs tentatives de viols, ainsi que des dizaines de délits, des faits habituellement jugés devant le tribunal correctionnel.

Dino Scala a reconnu avoir commis 16 viols et 3 tentatives de viols – des faits criminels très sévèrement réprimés, d'autant qu'ils ont été commis avec la menace ou l'usage d'une arme. Il a reconnu en outre une vingtaine de délits qualifiés d'agressions sexuelles ou de tentatives d'agressions sexuelles, principalement des attouchements sur la poitrine et les fesses, des faits graves, mais bien moins sévèrement réprimés que les crimes (une peine délictuelle maximale de cinq ans, voire dix ans d'emprisonnement selon les circonstances).

Quarante faits reconnus, commis sur une période de trente années.

Il a contesté un viol avec violences sur une femme et une tentative de viol sur une mineure de 13 ans. Il sera acquitté de ces deux crimes, pour les raisons que j'évoquerai un peu plus loin. Il a également contesté 14 délits, pour lesquels il sera condamné.

Lorsque mon client apparaît dans le box entouré de gendarmes, juste derrière mon banc, dans cette grande salle d'audience bondée, sans fenêtre et trop éclairée, il se retrouve face à un parterre de journalistes, de caméras, d'appareils photo. Il est alors détenu à l'isolement depuis plus de quatre ans. Je demande bien entendu qu'il ne soit ni filmé ni photographié, ce qui est respecté grâce à l'aide précieuse de Céline Clément-Petremann, chargée de communication à la cour d'appel de Douai. Je ne peux m'empêcher de penser, en le voyant arriver, que cela doit lui faire un choc. Tant de regards soudain posés sur lui, après tant d'années dans sa cellule. De l'autre côté de la salle, je vois des femmes, nombreuses, sur les bancs des parties civiles. Plusieurs d'entre elles se tournent vers le fond de la salle, j'imagine pour ne pas risquer de croiser son regard. Là aussi, je ne peux m'empêcher de penser au choc qu'elles doivent éprouver de se trouver là, à quelques mètres de cet homme.

Pourquoi défendre un homme coupable ?

Bien que la défense d'un homme coupable soit très différente de celle d'une personne clamant son innocence, cela porte le même nom : la défense pénale. Même coupable (surtout coupable), un individu convoqué en justice a droit d'être assisté d'un défenseur. Ce défenseur est, le plus souvent, un avocat pénaliste. Les personnes qui reconnaissent les faits qui leur sont reprochés, sans essayer de les justifier, suscitent souvent une forme d'admiration chez les avocats, notamment lorsque les faits en question sont extrêmement graves. C'est rare, il faut bien l'admettre. J'accepte d'autant moins que la justice écrase ou ridiculise de tels élans. C'est sans doute ce qui m'a amenée à défendre monsieur Scala avec conviction, en dépit de la gravité des actes qu'il a commis. En réalité, je n'ai fait que défendre la sincérité de sa culpabilité. Il n'a pas fait le choix, facile, du déni ou du silence. Il n'a pas refusé de se confronter à la vérité, aussi laide soit-elle.

Il est faux de croire que notre métier consiste à élaborer une stratégie efficace indifférente de la vérité. Au contraire, un avocat passe souvent son temps à mettre ses clients face à la réalité de leur dossier, à chercher où se trouve la sincérité, pour comprendre, mais surtout pour bien défendre. Concernant Dino Scala, il s'agissait de le mettre face à la réalité de sa violence, à la réalité des souffrances causées aux victimes, mais aussi à la réalité de sa propre histoire et des violences intra-familiales commises par son père.

Fort heureusement – sinon mon rôle aurait été d'une utilité réduite – mon client a initié dès le début et tout au long de sa détention un suivi assidu avec une médecin psychiatre, dont le travail a été extraordinairement bénéfique. Ainsi que je l'ai expliqué lors des débats devant la cour d'assises, sa médecin psychiatre et moi nous sommes téléphoné quelques semaines avant l'ouverture du procès. Elle m'a indiqué qu'elle accepterait de témoigner pour aider les magistrats et les jurés à comprendre les pathologies et le travail accompli par son patient, si l'Ordre des médecins l'y autorisait. Quelques jours plus tard, elle m'a informée que son Ordre s'y était opposé, invoquant l'impossibilité absolue de lever le secret médical, et ce même si le patient lui-même l'y autorisait. La cour d'assises a donc été privée de son avis médical qui aurait été fort précieux pour juger cet homme. Sans doute davantage que les avis du collège d'experts psychiatres désignés aux prémices de l'instruction, n'ayant rencontré mon client que quelques heures au début de sa détention.

Aujourd'hui, je suis convaincue que le suivi psychiatrique dont il a bénéficié en prison, qui se poursuit à l'heure actuelle, a permis à cet accusé de trouver des mots lors de son procès, de demander pardon aux victimes, de répondre sans jamais fléchir aux questions posées par la Cour, par le ministère public, par les avocats, par les parties civiles, pendant trois semaines. Je ne sais pas s'il a conscience de la chance qu'il a eu de bénéficier d'un tel suivi dans un cadre carcéral.

Ce n'est, hélas, pas le cas de tous les détenus que j'ai pu défendre, bien que leur besoin d'aide sur le plan psychologique et psychiatrique soit souvent (pour ne pas dire systématiquement) manifeste. Notamment pour leur permettre de participer activement à la procédure pénale dont ils sont censés être « l'acteur principal », de comprendre le sens des rendez-vous judiciaires auxquels ils sont convoqués et de se préparer à leur éventuel procès en essayant de ne pas y être présent comme de simples spectateurs. Dans un dossier criminel comme celui de Dino Scala, ce suivi est surtout essentiel pour permettre au mis en cause d'évoquer les faits commis, d'intégrer le récit des victimes et de se préparer à entendre leur témoignage, et ensuite, pour comprendre la peine qui sera prononcée.

Quelques mois après son procès, Dino Scala a dit, alors que nous étions en train de discuter avec des agents du service pénitentiaire de la maison d'arrêt où il est détenu : « Le procès s'arrête. Mais il ne faut pas croire, ça continue pour moi. Je repars avec tout ça dans ma cellule. Et j'aurai tout le temps pour y réfléchir. » C'était dit sans aucune forme de victimisation de sa part.

Il était coupable. Il avait été condamné. Il acceptait sa peine.

Mieux, il y réfléchissait.

Des aveux et des excuses inaudibles

La défense de Dino Scala a avant tout consisté à l'accompagner dans sa démarche consistant à « avouer ». Son entreprise avait d'ailleurs précédé mon arrivée dans ce dossier, puisqu'il a reconnu dès son arrestation avoir commis de nombreuses agressions sexuelles – et même plus que celles qui lui étaient initialement reprochées. Indépendamment de toute preuve contre lui. Son ADN a été retrouvé dans le cadre de sept agressions (ce qu'au demeurant, il ignorait au moment de ses aveux), alors qu'il en a reconnu quarante au total. Il est passé aux aveux avant même d'être interrogé en garde à vue, au cours de laquelle il a d'ailleurs refusé d'être assisté par un avocat. Avocat vient de *Ad Vocatus*, « celui qu'on appelle à l'aide ». Disons que Dino Scala n'a pas eu besoin d'aide pour avouer. Il a expliqué que son arrestation, puis son incarcération, avaient été salutaires. Il a évoqué le soulagement de se retrouver entre quatre murs « à distance de l'extérieur ».

Les aveux de Dino Scala et la question de leur sincérité ont été au cœur des débats devant la cour d'assises. L'immense difficulté que j'ai rencontrée dans le cadre du procès en découlait : dès lors qu'il reconnaissait une grande partie des faits reprochés, notamment les plus graves, il était nécessairement coupable de tout. Crédible dans ses aveux, mais menteur dans ses dénégations.

*

Le premier jour du procès, vendredi 10 juin 2022, défendre cet homme coupable m'est soudain apparu comme une tâche impossible.

À l'ouverture d'un célèbre procès devant la cour assises d'Aix-en-Provence en 1978, au cours duquel trois hommes étaient jugés pour avoir battu et violé dans des conditions abominablement violentes, cinq heures durant, deux jeunes femmes – un procès historique ayant provoqué un vif débat public sur la question du viol – le président de la cour d'assises avait déclaré solennellement : « Ici, c'est le procès des accusés, pas le procès du viol ! ».

Au procès Scala, il y avait une forme d'injonction contraire, assumée par chacun des protagonistes du procès, y compris par les magistrats de la Cour :

il n'était pas question de juger l'accusé. C'était le procès du viol, de la société, du système judiciaire, de la police, et de ce qu'on a pu qualifier de « culture du viol ». Il n'était pas question de s'intéresser à l'accusé, ni même de le considérer. Encore moins de l'écouter. Il était uniquement question de condamner sans ambages et sans détour ce qu'il avait commis. À l'opposé du procès de 1978, au cours duquel la qualification de viol fut fermement contestée par les accusés (et avait même été remise en question par la juge d'instruction qui avait osé déclarer : « Vous avez bien dû consentir à un moment, autrement vous ne seriez pas là pour en parler » !), le procès Scala était le procès d'un homme se sachant coupable, reconnaissant la gravité des agressions commises, prêt à assumer les conséquences pénales de ses agissements, et désireux de demander pardon à chaque victime.

Pourtant, lors de son procès, sa prise de conscience est restée inaudible et ses aveux, inutiles. J'ai été surprise, tout au long de l'audience, par le décalage entre sa position et la férocité – souvent vaine – des débats.

Lorsque le docteur Paul Bensussan, l'un des experts désignés par la juge d'instruction pour procéder à l'examen psychiatrique de Dino Scala, s'est rendu au procès pour présenter le résultat des opérations techniques réalisées, il a relevé d'emblée : « *Quand on étudie le dossier, on imagine avoir à faire à un monstre et finalement, on y revient en le rencontrant.* » Puis, il a cité Jean Rostand : « *Ne regardez pas l'honnête homme de trop près, si vous tenez à lui conserver votre estime ; ni le scélérat, si vous tenez à lui conserver votre mépris.* »

J'ai trouvé intéressant qu'il ait souhaité dire cela aux jurés, dont le serment implique « *de n'écouter ni la haine, ni la méchanceté* »[5]. Il les invitait à regarder de plus près l'homme qu'ils se devaient de juger. Il soulignait également que cet accusé méritait qu'on lui fasse « le crédit de la sincérité », dès lors qu'il avait reconnu les faits les plus graves, avant même d'être confronté au moindre élément de preuve.

Fait assez exceptionnel devant une cour d'assises, après la présentation de ses conclusions, presque aucune question n'a été posée à cet éminent expert

5. Le serment des jurés : « Vous jurez et promettez d'examiner avec l'attention la plus scrupuleuse les charges qui seront portées contre X, de ne trahir ni les intérêts de l'accusé, ni ceux de la société qui l'accuse, ni ceux de la victime ; de ne communiquer avec personne jusqu'après votre déclaration ; de n'écouter ni la haine ou la méchanceté, ni la crainte ou l'affection ; de vous rappeler que l'accusé est présumé innocent et que le doute doit lui profiter ; de vous décider d'après les charges et les moyens de défense, suivant votre conscience et votre intime conviction avec l'impartialité et la fermeté qui conviennent à un homme probe et libre, et de conserver le secret des délibérations, même après la cessation de vos fonctions. »

psychiatre sur la personnalité de l'accusé. Aucune question n'a notamment été posée par les deux avocats généraux, pourtant en charge de la défense des intérêts de la société. Personne ne voulait entendre, et encore moins croire, que l'accusé était « sincère », « désireux de comprendre les mobiles inconscients de son passage à l'acte », et que ses remords à l'égard des victimes étaient « non feints ». Personne ne souhaitait en savoir plus. Il était le « violeur de la Sambre », cela suffisait. L'éclairage de l'expert a ensuite été tourné en dérision par l'une des avocates des parties civiles lors de sa plaidoirie, comme si les conclusions de l'examen psychiatrique de l'accusé était une plaisanterie, un point de vue fantaisiste, et non un avis scientifique et médical.

Curieusement, il m'a semblé que beaucoup auraient préféré entendre que l'accusé est un monstre, un être pervers et inhumain. L'engouement du public pour la série *Sambre*, diffusée après le procès, n'a fait que confirmer cette impression.

La préparation à un procès hors norme

J'ai commencé à défendre Dino Scala en 2019, alors que j'étais collaboratrice au sein du cabinet d'Éric Dupond-Moretti. Le cabinet avait été contacté par son épouse, qui s'est présentée en indiquant simplement qu'elle souhaitait qu'un avocat pénaliste prenne en charge le dossier. Loin d'espérer qu'Éric Dupond-Moretti en personne, alias *Acquittator*, défende son mari, elle estimait important qu'il soit défendu par une personne spécialisée en droit pénal. Elle était parfaitement consciente de la gravité de la situation et nullement dans le déni s'agissant des faits reprochés à son mari (et avoués par ce dernier). J'ai été chargée de ce dossier et j'ai donc rencontré madame Scala ainsi que, plus tard, leurs enfants. Le premier lien entre un avocat et un dossier criminel se fait souvent par le biais d'une famille. En l'occurrence, c'était une famille ayant implosé, mais essayant tant bien que mal de rester soudée. Ce n'est qu'après ces premiers contacts avec la famille de Dino Scala que je l'ai rencontré.

*

Lors du procès, j'ai souhaité raconter aux jurés ce premier parloir. L'une des premières choses que je dis à mon client, à peine assise en face de lui, me surprend moi-même : « Ce que vous leur avez fait vivre est le pire cauchemar de toutes les femmes. » Ces mots sortent de ma bouche sans même que je ne m'en rende compte. Et je ne sais pas vraiment pourquoi je lui dis cela. Ce n'est pas un jugement de ma part, juste une absolue vérité. Le viol est une crainte avec laquelle nous apprenons toutes à vivre depuis le plus jeune âge : lorsque nous marchons le soir tard dans une rue calme, lorsque nous allons chercher notre voiture dans le sous-sol d'un parking, lorsque nous glissons la clé dans la serrure pour rentrer chez nous en pleine nuit, nous y pensons. Je crois que c'était une façon de lui faire savoir qu'il ne servirait à rien de tenter de se justifier. J'avais pris connaissance du dossier, j'avais conscience de la gravité de ce qu'il avait commis, et je le défendrai.

Il y a eu un silence. Puis nous avons commencé à évoquer les faits dans cet étroit parloir de la maison d'arrêt de Lille-Sequedin. À aucun moment, lors de cette visite et des suivantes, il n'a été question de légitimer ce qu'il avait commis, ni même, bien sûr, de banaliser sa violence. Nous avons travaillé principalement pour essayer de comprendre ce qui déclenchait son passage à l'acte. Lors de ma première visite au QS (quartier spécifique) de la maison d'arrêt, le service pénitentiaire m'avait demandé de prendre avec moi une sorte de boîtier électronique supposé émettre une alarme « en cas de danger ». Je ne suis jamais allée visiter un client en détention avec appréhension. Cette visite ne faisait pas exception. Je me suis toutefois pliée à cette requête. Après quelques minutes passées avec ce nouveau client que les médias appelaient le « violeur de la Sambre », j'ai compris que ce boîtier serait totalement inutile. Le service pénitentiaire également l'a compris après quelques mois de surveillance. Lors de mes visites suivantes, ils ne me l'ont plus jamais proposé.

Quelques mois après cette première entrevue, alors que je quittais le cabinet au sein duquel je travaillais pour en rejoindre un autre, Dino Scala m'a fait part du fait qu'il souhaitait que je reste son avocate. Il a indiqué que si je cessais de le défendre, il cesserait de parler. Il craignait de ne pas réussir à se livrer, à « tout recommencer », avec un nouveau défenseur. Nous avons donc continué à préparer ensemble sa défense, jusqu'au procès.

Le lien de confiance qui s'instaure entre un individu détenu et son avocat est précieux. Une consœur, Marie Dosé, l'a décrit en quelques mots, très justes comme à son habitude: «Au parloir se créent une alchimie, une sincérité, un lien d'une force que l'on ne retrouve jamais ensuite, même avec ses amis.» Certaines personnes mettent plus de temps à s'ouvrir à leur conseil. Cela dépend notamment du contexte dans lequel ils ont été arrêtés. Ont-ils eu le temps de s'adapter à leur situation? Sont-ils encore sous le choc de leur placement en détention? Sont-ils, au contraire, rodés au fonctionnement de l'institution judiciaire et habitués aux parloirs? C'est aussi une affaire de personnalité. Rares sont ceux qui ne se livrent jamais, mais cela peut être long. J'ai eu le sentiment que Dino Scala avait fait le choix de me faire confiance dès notre premier entretien. À aucun moment, je n'ai décelé dans les prémices de nos échanges la moindre volonté de se mentir à lui-même ou de manipuler les faits. Le secret professionnel qui s'impose à tout avocat m'empêche d'évoquer publiquement la teneur de nos échanges et de ses lettres, nombreuses et détaillées.

Au fil des trois années qui ont précédé le procès, au cours desquelles je lui ai régulièrement rendu visite, notamment lors des interrogatoires avec la juge d'instruction, j'ai eu le sentiment que sa prise de conscience était de plus en plus manifeste. Il n'a jamais été dans le déni, ainsi que cela a été dit au procès par les enquêteurs eux-mêmes, mais il a par moment peiné à « tout dire ». Certains aveux étaient plus difficiles. Mais il a, au fil de l'instruction, reconnu sa pleine et entière responsabilité, même dans des cas où il n'existait strictement aucun élément contre lui, aucune trace de son ADN, aucun témoignage sur ses caractéristiques physiques, rien. À tel point qu'il m'a semblé, à l'approche du procès, que les débats ne pourraient être que sereins. Au moment de la clôture de l'information judiciaire, la juge en charge de l'instruction du dossier a prononcé six décisions de non-lieu, reconnaissant ainsi que, dans ces dossiers, il n'existait pas de charges suffisantes permettant de retenir que Dino Scala en était l'auteur. Ces décisions de non-lieu ont toutefois été infirmées par la chambre de l'instruction, une juridiction d'appel en charge notamment de « contrôler » les décisions prises par les juges d'instruction. Dino Scala a finalement été mis en accusation devant la cour d'assises pour la totalité des faits figurant dans le dossier d'instruction, même ceux pour lesquels il n'existait aucun élément, aucune charge, voire aucune trace de plainte.

Dans certains dossiers, les plaintes avaient en effet été purement et simplement « égarées » par les services de police, ce qui est non seulement inacceptable pour les plaignantes (et révélateur du manque de considération de la justice à leur égard), mais également intenable pour la défense. Comment un homme peut-il se défendre sans savoir ce qui a été dénoncé par la victime au moment des faits ? Comment un système peut-il envisager de le sanctionner pour des faits dont il ne résulte aucune preuve qu'ils ont bien été dénoncés ?

Si plusieurs dossiers « sans plainte » étaient des faits reconnus par Dino Scala – qui se moquait bien de la force probante des dossiers et n'en faisait pas dépendre ses aveux – d'autres étaient des faits fermement contestés. Pour ceux-là, la défense se retrouvait dans une situation inédite.

On attendait de cet homme qu'il démontre son innocence devant une cour d'assises, dans des dossiers où l'accusation était incapable d'établir sa culpabilité.

Deuxième partie

Les carences du système judiciaire

En ce qui concerne les choses humaines,
ne pas rire, ne pas pleurer, ni détester,
mais comprendre.

Spinoza

P.R. : *L'arrestation de Dino Scala, le 26 février 2018, survient au début du mouvement #MeToo, qui va s'accélérer ensuite, avec des conséquences sociétales bien sûr, mais aussi judiciaires. Le procès Scala, qui commence en juin 2022, se situe donc en plein sur cette vague, où la France entière questionne le traitement de ces innombrables affaires de violences sexuelles, comme si un voile se levait sur ce qu'ont enduré de trop nombreuses femmes pendant toutes ces années. Une affaire, un procès, sont indissociables de l'époque dans laquelle ils sont traités. C'est probablement pour cela que le procès du « violeur de la Sambre » est apparu comme le procès du viol, du silence qui a trop longtemps entouré ce crime. Ce dossier documente trente ans de prise en charge parfois honteuse des victimes de violences sexuelles, sur un territoire restreint dans le Nord de la France, mais qui aurait pu être partout ailleurs.*

Je suis née en 1985 et les premiers faits pour lesquels Dino Scala a été jugé datent de 1988. J'ai, à l'ouverture du procès, l'impression que l'on décortique la façon dont la société a traité les femmes victimes de violences sexuelles depuis que j'existe. Et c'est vertigineux.

Des plaintes initiales perdues, des femmes, ou des jeunes filles, interrogées comme des suspectes alors qu'elles sont victimes. Et la difficulté pour la police, et la société tout entière, à appréhender la gravité de ces actes et leurs répercussions sur les victimes.

Au premier jour, une chose me frappe : la vacuité, paradoxale compte tenu du nombre de victimes, des bancs des parties civiles. Fanny Bruyerre, qui représente une vingtaine de ces femmes, toutes absentes, m'explique alors qu'il est trop difficile pour ses clientes de se replonger dans leurs traumatismes si longtemps après. Et aussi qu'elles ont « honte ». Honte d'avoir été agressées sexuellement… Un autre avocat de parties civiles m'explique quant à lui que certaines ont vécu toutes ces années sans en parler à personne, pas même à un psychologue, et que l'appel de la police judiciaire en 2018, les informant que leur agresseur potentiel avait été arrêté, a parfois été l'occasion de tout raconter à leur famille. C'est aussi cela que créent les carences du système policier et judiciaire : des femmes qui ont vécu avec l'impression d'être coupables de ce qui leur est arrivé. Ce procès est donc aussi, pour l'institution judiciaire et policière, un moyen d'expier ses fautes, ce qui explique sans doute l'effet de balancier un peu trop prononcé, l'invisibilisation de l'accusé au profit d'une grande attention portée aux victimes. Et un mea culpa mémorable, celui du commandant Franck Martins de la police judiciaire de Lille, à la barre.

Un second accusé

Il a été marquant, pour tous ceux ayant assisté au « procès Scala », de constater combien le système judiciaire avait été dysfonctionnel, notamment dans le traitement des plaintes des victimes et leur suivi. Tout avocat pénaliste a un jour été confronté au peu de sérieux d'officiers de police judiciaire ou de magistrats dans la prise en compte des déclarations des intéressés – victimes ou auteurs présumés – notamment dans des dossiers de violences sexuelles. Dossiers dans lesquels chaque mot a pourtant une importance colossale, un poids à ne pas négliger. Le pire étant l'absence de suivi. L'absence de nouvelles. Parfois l'impossibilité de connaître, dans un délai raisonnable, les suites ayant été données à une plainte. Il est très difficile d'expliquer de telles déficiences aux clients et clientes qui viennent frapper à la porte de nos cabinets, qu'ils soient mis en cause ou plaignants. Annoncer que la justice fonctionne parfois très mal dans notre pays n'est pas une tâche facile et je suis souvent surprise de la haute opinion que se font les gens de notre justice. Leur désillusion est quasi systématique, même lorsque l'issue judiciaire leur est favorable.

En l'occurrence, les carences des services d'enquête dans le cadre du « dossier Scala » étaient telles que l'un des premiers jours du procès, le commandant de police s'est senti obligé de s'excuser, à la barre, « au nom de l'Institution » auprès des victimes. Loin d'être usuel, cela donnait le sentiment que le système judiciaire était « un second accusé » dans le procès. Voire même le principal accusé. Une cour d'assises n'est pourtant pas le lieu où l'on juge les écueils d'un système. On y juge des hommes, une tâche déjà bien complexe. Si toutes les fois où de graves insuffisances de l'institution judiciaire étaient constatées, l'accusé devait être mis au ban de son propre procès, la justice ne serait jamais rendue…

Un procès pénal doit avoir pour objet de juger un individu, de déterminer, compte tenu des éléments présentés et débattus à l'audience, s'il est coupable des faits qui lui sont reprochés. Rien de plus. En tout cas, rien de moins.

Remonter le temps du système judiciaire

Le fait que les premières agressions reprochées à mon client remontent à 1988 a permis de constater à quel point le système judiciaire avait évolué, mais surtout à quel point il avait été honteusement défaillant. Si le déni des violences sexuelles auquel tant de victimes ont été confrontées ne semble plus être un tabou, ni un fait accepté, il ne fait aucun doute qu'il l'a été. La lecture de notes d'audience ou de témoignages de personnes ayant assisté à des procès pour viol, en France, dans les années 1980, laisserait un sentiment de malaise profond à toute personne qui les lirait aujourd'hui. Il serait impensable de nos jours que des victimes de viols se fassent cracher dessus et insulter publiquement de « salopes » sur les marches du palais de justice en arrivant au procès de leurs violeurs. Mais cela a existé[6]. Et ce n'est pas si loin derrière nous, ce

6. Voir le récit de Gisèle Halimi, *Une farouche liberté*, avec Annick Cojean, Grasset, 2020.

qui fait froid dans le dos. Si, encore actuellement, le traitement judiciaire de certaines affaires de violences sexuelles paraît très insatisfaisant, ce que dénoncent à juste titre de nombreuses personnes, il ne fait aucun doute qu'il a été scandaleux par le passé.

La lecture de plusieurs procès-verbaux du « dossier Scala », parfois pas si lointains, en disent long sur la façon dont les femmes victimes de violences sexuelles ont été traitées par notre société. La litanie des auditions de parties civiles au procès a plongé la salle d'audience dans une époque qui paraissait moyenâgeuse, où une femme ayant relaté à des enquêteurs avoir été étranglée et agressée sexuellement s'était vu répondre qu'elle avait « de la chance » parce que la trace sur son cou se voyait peu. Où une très jeune femme ayant dénoncé un viol avait été accusée par la police de mentir pour dissimuler à ses parents un rapport sexuel avec un camarade de son âge. Cela a scandalisé, à juste titre.

L'absence de soutien psychologique ou psychiatrique des victimes de violences sexuelles est une autre immense défaillance de notre institution. Lors du procès, cela sautait aux yeux. De nombreuses victimes n'avait jamais rencontré un psychologue de leur vie. Certaines n'avaient même jamais parlé de leur agression à leurs proches, à leur famille.

Or, les femmes n'ayant pas pu bénéficier du moindre soutien psychologique après leur agression (et ce indépendamment de l'échelle de gravité des faits subis) restaient indiscutablement plus marquées que celles ayant été rapidement suivies pour tenter de surmonter les conséquences de leur traumatisme. C'est ainsi qu'une femme ayant été approchée quelques secondes par son agresseur avant qu'il ne prenne la fuite semblait être restée plus lourdement traumatisée qu'une autre femme, elle, victime d'un viol. Le fait que les femmes issues d'un milieu plus favorisé semblent avoir davantage eu accès à une aide psychologique rendait ce constat d'autant plus inacceptable. Toute victime de violences (notamment sexuelles), quelle que soit la gravité de ces violences, devrait pouvoir bénéficier d'une aide, le plus tôt possible.

Il ressortait des rapports d'expertise psychologique des victimes, joints au dossier et débattus à l'audience, comme dans tout procès pénal, que certaines femmes avaient vécu une succession d'agressions sexuelles au fil de leur existence, commises par différents hommes. Plusieurs avaient été agressées sexuellement dans leur enfance par un proche ou un parent. Presque aucune n'avait bénéficié du moindre soutien psychologique. Pire, ces faits n'avaient parfois donné lieu à aucune poursuite, aucune condamnation. Il me semblait primordial que cela soit dit au procès.

Je n'ai aucun doute sur le fait que les services d'enquête ont tenté de compenser les carences, inexcusables et nombreuses, du système judiciaire à l'égard des victimes, par des excès dans le traitement du dossier de Dino Scala à compter de son arrestation. Ces excès ont été manifestes à l'audience, le commandant en charge de l'enquête ayant même déclaré publiquement, probablement sans se rendre compte qu'il nourrissait ainsi la thèse de la défense: « *On a tout fait pour que les victimes soient convaincues qu'elles sont face à leur agresseur* ». Or, c'est exactement cela que la défense a reproché aux services d'enquête et au ministère public: d'avoir aveuglément tenter d'imputer certains faits, manifestement commis par d'autres hommes, à Dino Scala. D'avoir affirmé à toutes les victimes qu'elles avaient nécessairement été agressées par ce dernier. D'avoir tenté de faire croire, à toutes et tous, qu'après toutes leurs déficiences, ils avaient finalement arrêté « LE violeur de la Sambre », l'unique agresseur de femmes qui sévissait dans la région.

Il est certain qu'il était plus aisé de tenter d'imputer un maximum de cas non résolus à un homme avouant ses crimes, que de relancer des enquêtes anciennes impliquant de mener des investigations fastidieuses.

C'est aussi cela que la défense a souhaité dénoncer lors du procès : les défaillances qui perdurent.

Les maladresses du procès et l'invraisemblance des débats

Alors que certaines plaignantes avaient fait savoir qu'elles ne souhaitaient pas venir au procès, ni être représentées par un avocat, elles ont toutes été citées par le Parquet en qualité de témoin. Une convocation devant la cour d'assises du Nord, avec ordre de se présenter, leur a donc été adressée. Toutes ont ainsi reçu un courrier faisant état de leur obligation de comparaître sous peine d'encourir une amende, voire de faire l'objet d'un mandat d'amener, mis à exécution par les forces de l'ordre, si elles ne se présentaient pas ! Ce n'est absolument pas usuel de convoquer de la sorte des plaignantes. C'est même indécent. Si le fait de prendre part à un procès lorsqu'on est victime est un droit, il ne doit en aucun cas s'agir d'un devoir.

J'ai eu l'impression, partagée par plusieurs confrères présents à l'audience, que les plaignantes étaient toutes convoquées pour qu'on leur démontre que la justice avait *in fine* bien fonctionné, en dépit des carences passées. J'ai trouvé cela poussif, injuste et très brutal. D'autant plus que certaines femmes ont été convoquées à un procès qui n'était pas celui de leur agresseur, ce qui était avéré dès l'instruction, aucun élément ne permettant de relier certains faits à Dino Scala. Faire vivre à une victime d'agression sexuelle un procès criminel de trois semaines, ultra médiatisé, pour se voir annoncer au verdict que son agresseur n'est pas l'homme dans le box des accusés, est d'une violence inouïe. Il m'a semblé que l'accusation se sentait si faible pour établir la culpabilité de l'accusé dans certains dossiers qu'elle a eu besoin de faire reposer le poids du procès sur l'ensemble des victimes…

Un procès aux assises est par nature éprouvant. On y juge des individus accusés d'avoir commis des crimes. On y décortique les faits, les intentions, les déclarations et les contradictions de chacun, la vie et les expertises « psy » de chaque protagoniste. Imposer à des victimes de se présenter à un procès, pour y témoigner, est insensé. Surtout dans un tel dossier. Dino Scala reconnaissait l'immense majorité des faits reprochés, notamment les crimes, c'est-à-dire les faits les plus graves et les plus durement réprimés. La sévérité de la réponse pénale ne dépendait pas de la présence, ni du témoignage des victimes. Citer à la barre toutes les plaignantes, notamment celles ayant fait connaître leur souhait de ne pas se rendre à ce procès, était donc non seulement brutal, mais aussi inutile. Une autre façon de faire savoir à ces femmes qu'elles n'avaient pas leur mot à dire.

*

La première partie civile venue témoigner au procès est une femme âgée, elle s'approche de la barre en s'aidant d'une canne. Il s'agit d'un des dossiers pour lesquels la juge d'instruction a rendu une décision de non-lieu, estimant que l'agression de cette femme ne pouvait être imputée à Dino Scala, suivant l'avis du parquet, un autre magistrat s'étant prononcé en faveur d'un non-lieu. La chambre de l'instruction en a toutefois décidé autrement, allant à l'encontre des réquisitions de l'avocat général, là encore, aux fins de non-lieu. C'est ainsi que cette femme s'est retrouvée convoquée devant la cour d'assises du Nord, après que trois magistrats eurent successivement considéré qu'il n'existait pas d'éléments permettant de retenir que Dino Scala est son agresseur… Il est parfois difficile de saisir la logique de la justice pénale.

Face à elle, le président de la cour rappelle les éléments figurant au dossier. C'est l'usage lors d'un procès criminel. Le dossier en question n'est composé que de trois auditions, celles de la plaignante. Rien de plus. Pour les jurés, qui n'ont jamais eu accès à la moindre pièce du dossier –ils doivent se forger une opinion uniquement sur ce qui est dit à l'audience – le président lit ce que la victime a dénoncé en 1991 : tôt le matin, un homme avec une épaisse moustache noire et les cheveux courts frisés la fait chuter de son vélo, se jette sur elle au sol, puis elle parvient à le faire fuir en se débattant et en criant. Entendue vingt-sept ans après cette plainte, postérieurement à l'arrestation de Dino Scala, elle indique avec beaucoup d'honnêteté qu'elle « croit se souvenir » avoir été agressée dans un local poubelle, et non au sol, où son agresseur lui aurait fait face pour tenter de déboutonner son pantalon. Elle donne par ailleurs une description différente de l'individu, il n'est plus question de moustache, ni de cheveux frisés. La dame indique toutefois à la juge, là encore en toute honnêteté, qu'elle a vu la photo de monsieur Scala dans les journaux et « même à la télé ». Il y a des dissidences majeures dans les déclarations de cette femme, rien d'étonnant compte tenu du temps écoulé. Le problème qui se pose alors à la cour et aux jurés – qui, rappelons-le, ont fait le serment « *d'examiner avec l'attention la plus scrupuleuse les charges qui seront portées contre l'accusé* » – c'est qu'ils n'ont rien d'autres à examiner que les déclarations de cette femme. Bien conscient de cette difficulté, le président de la cour demande à la partie civile, avec un tact et une délicatesse indéniables, quelles sont les déclarations sur lesquelles la cour doit s'appuyer pour décider de la culpabilité de l'accusé. L'invitant presque à « choisir » la version qui lui convient… (ce qui, chacun comprendra, n'est pas l'usage). La plaignante, très affectée par la tournure de l'audience à laquelle elle n'était visiblement pas préparée, quitte la barre.

Le fait de poser des questions à cette dame, citée comme témoin par le parquet, a ensuite été impossible pour la défense, puisque avant de formuler la moindre question, prenant le soin de lui préciser au préalable que personne ne considérait qu'elle mentait, mais qu'il s'agissait de comprendre si l'accusé était son agresseur, elle a quitté la salle d'audience, cette fois sans revenir. Il est vrai que ce n'était pas son rôle de démontrer que l'accusé dans le box était bien son agresseur. On attendait trop d'elle. On attendait qu'elle compense les lacunes abyssales de l'enquête. On attendait qu'elle confirme la thèse douteuse de l'accusation sur l'identité de son agresseur, qu'elle se souvienne d'un homme à peine aperçu, et qu'elle relate avec fidélité et constance des faits traumatisants survenus trente années avant le procès !

Je ne doute pas du fait que les personnes présentes dans la salle d'audience ce jour-là, notamment celles n'ayant jamais assisté à un procès d'assises de leur vie et n'en saisissant pas les mécanismes, aient pu s'émouvoir de cette scène. Je le comprends. Mais si le procès pénal ne permet pas d'entendre les témoignages sur lesquels repose l'accusation et de souligner les éléments qui innocentent l'accusé, à quoi sert-il ? Ce dossier n'aurait jamais dû être renvoyé devant la cour d'assises et cette dame fébrile, dont il n'est pas contestable qu'elle a été agressée par un homme ce matin de 1991 et en a été durablement choquée, n'aurait jamais dû être contrainte de se présenter à cette audience si elle n'en avait pas la force. J'admets avoir été en colère à ce moment de constater que, dès le début du procès, la défense était condamnée au mutisme.

De manière absurde, il m'a été proposé par le président de la cour de poser mes questions à la barre « vide », sans témoin, sans attendre de réponses. C'était kafkaïen. Comme dans une répétition de théâtre, comme si je jouais le rôle de l'avocate « pour de faux ».

Une fausse défense, pour les apparences.

J'ai refusé de me plier à un exercice aussi grotesque. Ce n'est pas ainsi que l'on doit juger un homme, peu importe ce qui lui est reproché. « *Quand le procès n'est plus qu'une parodie, la tâche est ardue pour l'avocat*»[7], a écrit Henri Leclerc, un confrère que nous admirons tous.

D'autres dossiers fourmillaient d'incohérences, d'invraisemblances.

Par exemple, une plaignante avait dénoncé dans les années 1990 une tentative d'atteinte sexuelle : au moment où elle rentrait ses poubelles avant d'aller travailler, elle avait été agressée par un individu, qui avait placé un foulard autour de son cou. Elle expliquait avoir passé ses mains dessous et avoir réussi à se libérer de cette emprise. Elle précisait qu'elle avait déjà vu cet individu puisqu'en 1974, elle avait été agressée sur son vélo par ce même homme. Elle ajoutait l'avoir déjà vu, avant cela, soulever les rideaux en bois des chambres de la maternité pour voir les femmes qui accouchaient. Entendue en 2018, cette femme avait identifié son agresseur comme étant Dino Scala sur les photographies présentées par les enquêteurs (les mêmes enquêteurs, souvenez-vous, ayant admis à l'audience avoir « tout fait » pour que les victimes soient convaincues qu'elles avaient été agressées par Dino Scala). Or, en 1974, mon client n'était pas un homme, mais un jeune garçon d'à peine 12 ou 13 ans. Le témoignage de cette femme a, de manière insensée, été rattaché à l'affaire Scala.

---

7. Henri Leclerc, *La parole et l'action*, Fayard (2017).

La condamnation de mon client pour ces faits délictuels, d'une moindre gravité comparée à celle des crimes reconnus, fut sans incidence sur la peine prononcée contre lui. Il n'en demeure pas moins que l'absence de rigueur avec laquelle ils ont été traités dans le cadre de l'enquête, puis à l'audience, est indigne de la justice que tout accusé est en droit d'attendre. Indigne de ces femmes qui avaient déjà subi les nombreuses lacunes du système judiciaire. C'était aussi une démonstration parfaite de l'invraisemblance de cette justice qui cherche irrationnellement à vouloir rendre imprescriptibles tous les faits en matière de violences sexuelles. Lorsque le temps a tout effacé, même la mémoire, la justice prétend encore pouvoir trancher…

L'omerta familiale brisée par la sœur de l'accusé

Avant d'étudier le fond d'un dossier devant une cour d'assises, il est habituel de recevoir le témoignage des proches de l'accusé, car le procès a pour objet de juger un homme, et non pas seulement les faits qui lui sont reprochés. La cour d'assises entend donc le plus souvent la famille de l'accusé, lorsqu'il a la chance d'en avoir une, avant d'entendre les témoins et les parties civiles. C'est ainsi que la première victime de violences sexuelles venue témoigner au procès de Dino Scala s'est trouvée être la propre sœur de l'accusé, victime d'inceste de la part de leur père lorsqu'elle n'était qu'une enfant.

Lorsque cette femme, d'environ 60 ans, petite et recroquevillée sur elle-même comme si elle voulait disparaître, se présente devant les magistrats et les jurés pour répondre à leurs questions, je vois mon client redevenir un enfant. Elle commence par expliquer qu'elle n'a pas revu son frère depuis des années. Ils ont seulement deux ans d'écart, ils étaient très proches. Après quelques questions succinctes de la cour, laissant comprendre le contexte violent et incestueux dans lequel elle, sa sœur et ses frères ont grandi, je m'approche.

– Bonjour, Madame. Je suis l'avocate de votre frère. Vous permettez que je vous pose quelques questions ?

– Oui.

– Vous avez évoqué des violences sexuelles subies dans votre enfance, pouvez-vous expliquer ce qu'il s'est passé exactement ?

– … Personne ne m'a jamais demandé précisément. Pourtant je l'ai dit pour mon père. Je l'ai dit aux policiers aussi.

– Je suis navrée, Madame, que l'on ne vous ait pas demandé, car c'est très important. Arrivez-vous à nous dire ici ce que vous avez vécu ?

– Oui. C'est mon père. Il me touchait. (…) Il mettait ses doigts en moi. Il venait le soir. Souvent.

– Ce sont des viols, Madame, ce que vous racontez.

– Je ne savais pas. Personne m'a dit. Personne m'a écoutée.

Effectivement, il ressort clairement du dossier que cette femme a dénoncé, à l'adolescence, l'inceste subi par son père entre ses 4 ans et ses 13 ans. Mais il y a aussi les violences, les coups, les insultes, la mère au sol pendant que le père la bat. Elle a quitté le domicile familial à la suite de ses dénonciations et coupé les ponts avec sa famille, y compris avec son frère Dino. Le médecin de famille, entendu dans le cadre de l'enquête, a confirmé qu'il était informé de ces agissements incestueux commis par le père de l'accusé. Le maire du village aussi, ainsi que certains voisins, et plusieurs membres de la famille Scala. Tous sont restés passifs. La deuxième sœur de l'accusé aurait également subi les actes incestueux du père, selon plusieurs témoins entendus en procédure. L'omerta a fait son œuvre. Ce *pater familias* – que tout le monde appelle « le vieux » – est décédé sans jamais avoir été inquiété.

Ainsi, avant même d'aborder les faits reprochés à l'accusé, une femme venait déjà expliquer le déni des proches, le déni de la société, le déni du système judiciaire, l'absence de protection, l'absence de prise en considération de la parole des victimes de violences sexuelles. J'ai trouvé ahurissant que cette femme apprenne si tardivement, et de ma voix, que ce que lui faisait subir son père était des viols. C'est d'autant plus grave qu'elle n'était qu'une enfant lorsque ces agressions ont eu lieu et qu'elle avait dénoncé ces faits auprès d'un médecin, qui n'a jamais rapporté la teneur de ses dénonciations aux autorités. Elle a été entendue plusieurs fois par des officiers de police judiciaire dans le cadre de l'information judiciaire visant son frère, elle a parlé de ces agressions aux enquêteurs, mais, pour autant, personne n'a jugé utile de lui demander exactement ce qu'elle avait subi, les gestes qu'avaient eus son père envers elle. Personne n'a jugé nécessaire de lui expliquer ce qu'est un viol.

Si bien qu'à 60 ans, elle a appris, devant une centaine d'inconnus et son frère, avoir été violée dès l'âge de 4 ans.

À la question : « Votre frère a-t-il été victime d'agissements similaires ? », elle est restée évasive, indiquant seulement que son père partait souvent à la chasse, seul, avec son jeune frère Dino…

Troisième partie

Dossiers Fantômes

Étape la plus visible d'un long processus dont elle n'est que le but final, l'audience parachève ce qui a commencé il y a bien longtemps.

Thierry Lévy,
Éloge de la barbarie judiciaire (2004)

P.R. : Le violeur de la Sambre ou « les » violeurs de la Sambre ? Le dossier Scala, vu de loin, a ceci de rassurant qu'il ne semblait y avoir qu'un seul violeur en série dans cette vallée près de Maubeuge, et que ce dernier avait été arrêté, certes trop tardivement, mais il n'empêche qu'il ne pouvait plus sévir. Or, une lecture plus complexe du dossier oblige à davantage de nuances. Margaux Mathieu les a nommés « dossiers fantômes », les autres agresseurs et violeurs de la Sambre qui figurent dans le dossier d'instruction, dont évidemment, car ils viennent se mettre en travers de son raisonnement, l'accusation a fait peu de cas.

Le jour où Maître Mathieu évoque l'un de ces dossiers, à l'audience, cela jette un froid dans la salle. Elle demande notamment la lecture du procès-verbal d'enquête concernant un certain « Pascal P. », dont il a été retrouvé la trace dans le dossier d'instruction. Pascal P. vit à Maubeuge. Interrogé par les policiers, il a reconnu au moins quatre viols mais les enquêteurs suspectent qu'il en ait commis une douzaine depuis 1998. Il a une corpulence moyenne. Au niveau de son mode opératoire, « il agissait tôt le matin », peut-on lire dans le dossier. « Il agrippait par l'arrière ses victimes, souvent sur un trajet domicile-arrêt de bus, sous la menace d'un couteau et avec beaucoup de violences. Il demandait ensuite à sa proie de soulever son tee-shirt afin de lui toucher les seins. Ensuite, il demandait à se faire masturber et imposer une fellation. Il éjaculait à proximité des victimes. Pour quitter les lieux, il demandait à l'intéressée de compter ou d'attendre qu'il siffle. » *Le mode opératoire de Dino Scala, sa prétendue* « *signature criminelle* », *chez un autre.*

L'étude approfondie du dossier nous démontre que les agresseurs sexuels courent les rues, ici comme partout ailleurs. Didier G., par exemple. Il vit à Maubeuge. Un procès-verbal du dossier, datant de 1998, fait état son interpellation. Il est 6 h 30 du matin et il se promène avec une cassette pornographique dans un sachet plastique. Il est, selon l'expression consacrée, connu des services de police pour avoir commis des viols et agressions sexuelles. Il y a aussi Youcef C., il vit à Maubeuge lui aussi. En 1996, il apparaît qu'il est bien connu des services de police pour agressions sexuelles et viols. Arnaud B., un autre Maubeugeois, lui, suit régulièrement les jeunes femmes, parfois jusqu'à leur domicile. Il utilisait sa voiture pour les repérer.

Un autre homme, Pascal R., a quant à lui été interpellé en 2002 pour des violences sexuelles. Il travaillait comme conducteur de train à Aulnoye-Aymeries, toujours dans le même secteur. Selon un procès-verbal du dossier, il mesure 1,67 m et pèse entre 70 et 80 kg, de corpulence moyenne, cheveux châtains et porteur d'une moustache. La moustache est un élément capital. En effet, Dino Scala conteste fermement plusieurs faits que la justice lui impute, où la victime décrit un homme avec une « épaisse moustache », alors que lui n'a jamais porté la moustache.

Un autre cas, celui de Daniel C., qui a avoué avoir agressé sexuellement une centaine de femmes dans le Nord, près de Douai, entre 1991 et 2003 ! Il est l'auteur de plusieurs viols, notamment un commis en été 2002 à 6 h 40 du matin dans la rue, sur une jeune femme se rendant à son travail, qu'il a attrapée et entraînée dans un buisson…

Ce que ces « dossiers fantômes » démontrent également, c'est le travail de la police pour rechercher le « violeur de la Sambre ». Durant l'enquête qui a duré des années, avant l'identification de Dino Scala, une centaine d'hommes, suspects potentiels, ont été interpellés.

Le risque de l'erreur judiciaire

Au cours du procès, la thèse de l'accusation a consisté à affirmer que toute agression sexuelle commise sur une période de trente années, sur une même zone géographique (les environs de Maubeuge jusqu'en Belgique, non loin de la Sambre), et selon un mode opératoire prétendument « unique », ne pouvait être imputée qu'à Dino Scala, LE violeur de la Sambre. Il était prétendu que ses agressions portaient « une signature », suivaient un mode opératoire reconnaissable entre tous. C'est sur ce seul fondement, sans aucune preuve, que certains faits lui ont été imputés, en dépit de ses dénégations, au seul motif qu'ils « ressemblaient » aux actes qu'il avait commis. La lecture à l'audience de certains procès-verbaux concernant d'autres agresseurs sexuels suspectés au fil de l'enquête, avait pour vocation de démontrer le peu de sérieux de cette thèse, simpliste et, à mon sens, très hypocrite.

Si Dino Scala reconnaissait la grande majorité des faits reprochés, il n'était pas acceptable qu'il soit condamné pour des faits commis par d'autres hommes. En le condamnant pour un crime qu'il n'avait pas commis, un autre agresseur aurait la garantie de ne jamais être inquiété par la justice, l'affaire en question serait close. Définitivement. Il n'y aurait plus aucune enquête, plus aucune poursuite. Une erreur judiciaire au bénéfice d'un autre agresseur.

On pense toujours que l'erreur judiciaire est un risque pour le seul accusé, mais elle est un risque pour la société entière.

Lorsqu'il a été fait lecture du mode opératoire d'un certain Pascal P., qui commettait dans les environs de Maubeuge des agressions et viols « *tôt le matin* », de manière tristement identique à celle de mon client, il y a eu un lourd silence dans la salle d'audience, et une gêne du côté des magistrats et des avocats. Comme si, après deux semaines de procès, la salle découvrait l'imposture : il n'y avait pas un seul violeur de la Sambre. De nombreux hommes commettaient des agressions, de la même manière, toujours sur les mêmes victimes : des femmes.

L'existence avérée de ces autres agresseurs sexuels ayant sévi sur la même période, dans la même zone géographique et selon un mode opératoire identique, remettait également en cause le positionnement affiché de certains magistrats de la cour d'assises. En effet, dès que Dino Scala affirmait qu'il n'était pas l'auteur d'une infraction, le président de la cour ironisait : «*Alors c'est un imitateur, monsieur Scala, si ce n'est pas vous ? Vous avez un* copycat *dans la région !*» – malmenant ainsi sérieusement le principe d'impartialité qui implique une absence de préjugé exprimé à l'audience par le juge.

L'évocation de ces procès-verbaux allait par ailleurs à rebours du raisonnement de certains conseils des parties civiles. Se nourrissant du simplisme de la démonstration de l'accusation, une consœur avait cru pouvoir plaider : «*Mais l'arrivée par derrière, le couteau sous la gorge, les liens serrés très fort aux poignets, les caresses sur la poitrine… C'est tout Dino Scala !*». Cet extrait de plaidoirie fut d'ailleurs relayé par certains médias, comme s'il s'agissait d'un argument imparable.

Le tabou de l'ampleur des violences sexuelles

Ces autres cas que la défense a désignés comme des « dossiers fantômes » attestent que des hommes qui s'en prennent à des femmes au petit matin afin de les agresser sexuellement, hélas, courent les rues. Et leur façon de procéder est sinistrement similaire. Agripper une victime par l'arrière, la menacer d'un couteau, l'entraver, lui toucher la poitrine et lui imposer des actes sexuels, avant de partir en courant, est un « mode opératoire » fort répandu chez les agresseurs sexuels. Il est absurde de faire croire qu'il pourrait s'agir d'une signature criminelle. À tel point que dans le seul dossier de Dino Scala, des dizaines de procès-verbaux faisaient état de l'interpellation d'autres hommes agissant exactement de la sorte, ou de façon très similaire, à la même époque et dans les mêmes environs.

Lorsque j'ai fait référence à ces autres agresseurs dans ma plaidoirie, pour expliquer aux jurés l'hypocrisie du système auquel on leur demandait de participer, un brouhaha m'a contrainte à suspendre ma plaidoirie quelques secondes. Nous étions stupéfaites avec ma consœur Jane Peissel, qui a également plaidé en défense. Les plaidoiries de la défense sont en effet un moment sacré à l'audience, il est rarissime qu'elles soient parasitées ou coupées. En évoquant l'ampleur des violences sexuelles commises sur les femmes par des hommes, question au cœur du procès, la défense semblait tenir un propos polémique !

Il nous a semblé que cette volonté de taire à l'audience l'existence de ces autres cas était une nouvelle manière de perpétuer le déni et l'irrespect du système judiciaire envers les victimes. Une façon de les maintenir, encore une fois, dans l'ignorance. De leur faire croire que les méthodes ayant permis d'imputer certains dossiers à Dino Scala, et non à d'autres hommes, étaient fiables, et même incontestables. Ainsi, le système judiciaire, qui certes avait gravement failli, avait finalement abouti à l'arrestation de leur agresseur, il n'y avait aucun doute…

J'ai recroisé longtemps après le procès le même commandant de police qui s'était excusé à la barre « au nom de l'Institution ». Dans un contexte plus neutre, puisque nous intervenions tous les deux lors d'une formation chez France Télévisions sur le sujet du traitement médiatique des affaires de violences sexuelles. Il m'a alors confié que depuis l'arrestation de Dino Scala, les agressions sexuelles dans la région avaient augmenté. Pas cessé (bien évidemment). Ni même baissé. Non, augmenté. Le mythe selon lequel seul un délinquant sexuel s'en prenait aux femmes au petit matin aux abords de la Sambre et dans ses environs est une ineptie. Il y en a d'autres. Et tant qu'on ne s'intéressera pas à ce qui a pu amener un « homme ordinaire », parfaitement inséré socialement, à commettre de telles agressions pendant trente années, on ne sera pas en mesure de lutter efficacement contre les violences sexuelles.

Quatrième partie

Restaurer le dialogue

La justice restaurative irradie la réponse sociale au crime depuis le début de notre humanité.

Robert Cario (2016)

P.R. : Pour ce livre, j'ai recontacté Mélanie, qui avait vu, en 1997, le « violeur de la Sambre » et grâce à laquelle il avait été possible de réaliser un portrait-robot, à la ressemblance frappante, rétrospectivement. Mélanie attendait le moment du procès comme une étape capitale pour sa reconstruction, vingt-cinq ans après son agression. Dino Scala avait reconnu être l'auteur de ces faits. « J'attendais de le voir, de lui parler, de me confronter à lui », m'a-t-elle dit. Mais de cette audience n'est ressortie qu'une peur accrue. La jeune femme est persuadée d'avoir lu dans les yeux de Dino Scala, debout dans son box, « le même regard, un peu méchant », qualifie-t-elle, que ce jour de 1997. Un jour, Dino Scala sortira de prison, et elle ne peut s'empêcher d'avoir peur que leurs chemins se croisent de nouveau. Peur qu'il recommence. Comme toutes ces années pendant lesquelles elle savait son agresseur en liberté. En définitive, le procès l'a déçue. Elle en espérait une forme de vérité qui, selon elle, n'est pas advenue. Elle aurait voulu savoir, souffle-t-elle, « pourquoi moi, pourquoi il a fait ça ». À ce titre, Mélanie a été troublée par le fait qu'il n'y ait finalement pas de procès en appel. En effet, Dino Scala a dans un premier temps fait appel de sa condamnation, puis il s'est désisté de son recours. Au moment où Dino Scala choisissait de contester sa condamnation, pourtant, les parties civiles semblaient unanimes : elles redoutaient l'épreuve d'un nouveau procès. Mais Mélanie, elle, aurait souhaité le rencontrer de nouveau, poser ses questions à l'accusé. Elle était à présent au fait du fonctionnement de la cour d'assises, et savait désormais que l'échange avec l'accusé, elle à la barre, lui dans le box, était possible. Plusieurs autres victimes avaient en effet directement échangé de longues minutes avec lui lors du procès. Ce vrai dialogue, elle estimait en avoir été injustement privée. Elle attendait une forme de justice restaurative.

Les attentes des victimes lors du procès pénal

La place des victimes dans le cadre du procès pénal est un sujet sensible. De nombreux auteurs, confrères, journalistes, s'expriment régulièrement à ce sujet. Certains aimeraient qu'elles soient au cœur des débats, voire que leur parole y soit sanctuarisée, d'autres considèrent au contraire qu'elles n'ont pas leur place dans le procès pénal. Que leurs intérêts y soient représentés, au même titre que ceux de la société, est une nécessité évidente. Qu'elles soient présentes au procès pénal en qualité de partie, au même titre que l'accusé et que le parquet, magistrats en charge de la défense de l'intérêt général, est d'une moindre évidence. Ma seule certitude à ce sujet est qu'il paraît improbable, ou en tout cas éminemment difficile, qu'une personne ayant été victime d'un crime ou d'un délit trouve dans le procès pénal les réponses aux questions qui la hantent et le soutien auquel elle a droit. Le but de l'audience n'est pas, et ne peut pas être, l'apaisement des souffrances des victimes. Il s'agit de déterminer si un individu est coupable. Plus précisément, si « d'après les charges », il ne fait aucun doute qu'il est coupable des faits qu'on lui reproche. Il est impératif que le procès pénal permette un débat rationnel, juridique et, dans le meilleur des mondes, apaisé. Il est insensé de mettre en balance les intérêts des victimes et les grands principes de la justice pénale, de privilégier l'un ou l'autre. Il semble tout aussi insensé de ne pas préparer une victime à la rigueur, voire la rugosité, du procès pénal.

La procédure pénale est souvent un choc pour les parties civiles, parfois dès la phase d'instruction, en amont du procès. Il paraît essentiel qu'elles y soient préparées par leur conseil. Je fais tout mon possible, moi-même, lorsque je défends les intérêts d'une partie civile, pour la prévenir du fait que le procès ne lui apportera probablement pas ce qu'elle attend. La désillusion peut être rude.

Dans notre système pénal, il y a une justice qui condamne et une justice qui protège, elles sont présentées comme « séparées et dissociées »[8], alors qu'elles devraient être complémentaires.

---

8. Isabelle Lorentz, directrice adjointe de la maison d'arrêt de Bois d'Arcy.

Le miracle du dialogue à l'audience

Lors du procès de Dino Scala, j'ai été émerveillée par la justesse des propos de certaines femmes venues témoigner de leur agression, par leur courage et leur dignité. Il y a eu des moments suspendus. D'une vérité, d'une authenticité, d'une humanité qu'on ne voit probablement qu'aux assises. Lorsque l'une d'elles, madame C., a commencé à dialoguer avec Dino Scala, après avoir demandé au président de la cour d'assises, avec une politesse infinie, si elle avait « le droit de parler directement avec l'accusé », le temps s'est arrêté dans la salle. Cette femme blonde, élégante, venait de raconter l'agression qu'elle avait subie lorsqu'elle n'avait que 16 ans. Cet homme qui se jette sur elle, la plaque au sol dans un champ enneigé, avec « son regard de bête », avec une force surhumaine qu'elle compare à Hulk. Alors qu'il lui retire le bouton de son pantalon, et qu'elle comprend qu'il s'apprête à la violer, « il se redresse soudain et son regard change, comme s'il redevenait humain», il lui demande «pardon» et s'en va en courant. Elle a décrit cette scène avec tellement de précision et d'émotion, que nous étions tous avec elle, dans le froid de ce matin d'hiver, à entendre ses «cris étouffés par le poids de la neige» pour reprendre ses termes. De toute ma vie, je n'ai jamais été aussi émue en audience que lors de l'échange qui s'en est suivi avec l'accusé. C'était la première fois que je le voyais pleurer. J'ai été bouleversée de voir mon client s'effondrer face à cette femme qui acceptait de lui raconter, en le regardant, en le considérant, sans agressivité ni colère, ce qu'elle avait vécu, elle, pendant l'agression, ce qu'elle avait ressenti, pendant qu'il se jetait sur elle. Ce que son comportement à lui, avait engendré chez elle. Rien n'aurait pu éclipser cet échange, il n'y avait plus qu'eux dans la salle d'audience. Je me mordais les lèvres pour contenir mes larmes, de peur qu'on juge ridicule mon émotion. Je ne voulais rien gâcher de ce moment inespéré. L'avocate de cette femme, ayant à peu près mon âge, très fine dans ses propos et d'un grand talent, est venue me parler à la suspension d'audience. Elle était aussi émue que moi par ce qui venait de se passer. Je me souviens que nous nous regardions, mutiques l'une et l'autre, impressionnées et heureuses d'avoir vécu un tel «moment d'audience». Pour la première fois depuis le début du procès, des avocats de parties civiles, des avocats de la défense et des journalistes, sont allés prendre ensemble un café au soleil, sur une terrasse en face du palais de justice. Pour nous parler. Pour nous remettre de nos émotions surtout. Le dialogue initié par cette femme extraordinaire avait commencé à réparer le lien social.

Je ne peux trahir le secret professionnel et dire ici ce que mon client m'a confié au sujet du témoignage de madame C., mais j'ai l'absolue conviction que leur échange l'a profondément changé. J'ai eu le sentiment, mais je ne saurai jamais, que cette femme aussi avait été touchée par ce dialogue avec l'homme qui l'avait agressée lorsqu'elle était adolescente. Est-il moins insupportable de vivre après une telle agression, lorsque l'on comprend qu'elle a été commise par un homme, et non par une bête ou un monstre ?

Une autre femme a souhaité dialoguer avec l'accusé. Cette même femme dont le mari m'avait interpellée le premier jour du procès. Elle a posé des questions à Dino Scala avec une mesure effarante compte tenu de la gravité de ce qu'elle avait subie, violée dans sa propre maison. Elle souhaitait notamment savoir avec quelle arme il l'avait agressée. Comme si elle avait besoin de cet ultime morceau de puzzle pour reconstituer son agression, peut-être pour se reconstruire elle-même. Lorsque l'accusé lui a répondu, honteux, et probablement impressionné par la dignité de cette femme, qu'il s'agissait de ses ciseaux de cuisine qu'il avait dérobés en entrant dans son domicile, elle a dit calmement « ah, c'étaient mes ciseaux », comme rassurée de savoir enfin. D'une voix douce, elle l'a remercié d'avoir répondu, puis elle est partie. Il y a eu un silence. Je pense que cette femme ne s'est pas rendu compte de la leçon d'humanité qu'elle venait de nous donner à tous.

Ces quelques échanges, et d'autres encore, m'ont convaincue du fait que le dialogue doit être permis lorsqu'il est attendu et souhaité par les protagonistes du procès pénal. Cela ne concerne pas seulement les victimes, mais leurs proches également.

Un an après le procès, le père d'une des victimes de monsieur Scala m'a écrit. Sa fille avait subi un viol. Un crime non contesté. Ce « papa » avait assisté au procès du violeur de sa fille, une expérience qu'on imagine insoutenable. Il souhaitait me contacter afin de me « faire part d'une requête ». Je l'ai donc appelé dès réception de son courrier. J'appréhendais bien sûr une discussion difficile avec un homme légitimement en colère. Mais c'est un homme calme qui décrocha, me remerciant de prendre le temps de le rappeler. Sur un ton hésitant, il m'indiqua qu'il ne savait pas trop s'il avait

« le droit » de me contacter ainsi. Il ignorait donc qu'il avait tous les droits compte tenu de ce qu'il avait traversé. Il souhaitait simplement me faire part du fait qu'il avait eu le sentiment que sa fille se reconstruisait enfin depuis le procès. Il souhaitait écrire à Dino Scala pour lui expliquer ce qu'il avait ressenti du fait de cette agression sur sa fille et l'encourager à poursuivre son travail avec sa psychiatre. Lors de ma visite au parloir quelques semaines après cet échange, j'ai demandé à Dino Scala s'il accepterait que je donne à cet homme son numéro d'écrou (le numéro que porte chaque détenu, notamment pour les correspondances avec l'extérieur), lui expliquant la teneur de notre échange pour le moins inhabituel et touchant. C'est la deuxième fois que je vis mon client pleurer. J'ai eu le sentiment que tant d'humanité de la part de ce père de famille l'avait écrasé.

La justice restaurative en France

Les principes de la justice restaurative – processus volontaire qui vise à instaurer un dialogue entre victimes et auteurs d'infractions pénales, parallèlement à la procédure pénale – me passionnent et me semblent totalement sous-évalués, inexploités dans notre système judiciaire. C'est d'autant plus regrettable que l'évaluation scientifique des impacts et bienfaits de la justice restaurative démontre que plus les faits sont graves, plus le cheminement vers l'apaisement de chaque participant est important[9].

La justice restaurative permet une prise de conscience des répercussions d'une infraction et tend à favoriser la réparation et la reconstruction de chacun. Elle consiste à organiser une succession de rencontres entre des détenus et des victimes, ou proches de victimes, afin que

---

9. Robert Cario, *La justice restaurative en France*, L'Harmattan, 2020.

chacun puisse expliquer ce qu'il a vécu. Alors que les auteurs abordent leur passage à l'acte et les conséquences de leur incarcération, les victimes expliquent les impacts de l'agression sur leur vie.

Si une victime ressent le besoin d'évoquer les faits face à l'auteur de son agression, ou dans le cadre d'un échange « détenu-victime » tel que prévu par la justice restaurative, cela devrait être facilité, dans un cadre protecteur, confidentiel et sécurisant. Le procès pénal n'est pas le cadre adapté, notamment en raison de l'absence de confidentialité des débats. Mais il faudrait que les victimes soient pleinement informées de ce qu'offre la justice restaurative. Il faudrait que les détenus puissent plus facilement participer à de tels échanges.

L'un des enjeux de la procédure pénale est de permettre la réinsertion dans notre société des personnes ayant commis des infractions. Il ne faut pas en avoir peur. Il faut la favoriser pour qu'elle ne vienne heurter personne. Aider un homme à comprendre les conséquences de ses crimes, sur les victimes, sur les proches des victimes, sur la société, sur lui-même, est crucial pour restaurer le lien social et prévenir la récidive.

François Goetz, spécialiste de la question et directeur de centre pénitentiaire, a parfaitement décrit ce qui pouvait ressortir de ces rencontres :

> Les rendez-vous proposent un cheminement aux auteurs comme aux victimes, les conduisant à éprouver un sentiment de soulagement, d'apaisement, de réconciliation avec eux-mêmes. Plus particulièrement, pour les victimes, est apparu le sentiment de pouvoir à nouveau réinvestir sa vie et construire des projets. Pour les auteurs, c'est de se sentir ré-humanisé qui ressort le plus, avec une réelle prise de conscience de la souffrance infligée à leur victime et une compréhension clarifiée de leur histoire personnelle et des facteurs liés à leur passage à l'acte. Cette humanité retrouvée permet, sans conteste, d'apaiser la souffrance des victimes et de prévenir la récidive des auteurs, la prise de conscience étant l'élément prépondérant à cette prévention[10].

Il ne s'agit plus seulement de « surveiller et punir », mais de reconstruire le lien social.

Un film documentaire bouleversant sur la justice restaurative a été réalisé par Johanna Bedeau, journaliste spécialiste du milieu carcéral et des violences faites aux femmes, *Détenus-victimes : la rencontre* (2017). La réalisatrice a décrit ces rencontres ainsi :

10. https://www.apcars.fr/projets/la-justice-restaurative/

> L'idée était de créer un lieu d'échanges et de parole qui donne des réponses à des questions restées en suspens lors du procès pénal. En général, les victimes repartent chez elles désemparées. Elles ne cherchent pas le pardon, mais une forme de réhabilitation… Quant au destin du condamné, il est étroitement lié à celui de la société. Un jour, il sortira et revivra parmi nous. S'il prend conscience de la souffrance de sa victime, ce lien social pourrait diminuer les risques de récidive.

Ce processus offre la possibilité de réparer les souffrances qui n'ont pas été prises en compte durant le procès pénal. C'est un espace de parole, « *où auteurs et victimes vont enfin pouvoir poser les questions du pourquoi – pourquoi moi, pourquoi lui – et du comment : comment je vais réintégrer ma famille, ma communauté, ma vie brisée par le fait infractionnel* »[11].

Il est temps que les victimes soient informées de leur droit à la justice restaurative et que l'accès à celle-ci soit rendu évident. Cela évitera à de nombreuses parties civiles, je n'en doute pas, de se sentir écrasées au procès de l'accusé.

---

11. Robert Cario, *op. cit.*

Cinquième partie

Le procès d'un homme

Le demi-savoir triomphe plus facilement que le savoir complet : il voit les choses plus simples qu'elles ne sont, et par là en donne une idée plus compréhensible et plus convaincante.

Friedrich Nietzsche,
Humain, trop humain (1878)

P.R. : Une question est de nature à hanter toutes les personnes ayant eu connaissance de cette affaire : comment cet homme a-t-il pu mener une vie en apparence normale, avec femme et enfants, tout en agressant de manière régulière, pendant trente années, des femmes de tout âge, des inconnues, devenant un criminel présenté comme un des plus importants violeurs en série de l'histoire judiciaire française ? Je me souviens d'une journaliste de la RTBF, la télévision belge, stupéfaite de n'avoir trouvé, lors de son enquête journalistique, que des voisins qui « défendaient » Dino Scala. Même après la révélation des faits dont il était accusé, même s'il a très vite reconnu sa culpabilité. Des quarante pages du rapport d'enquête de personnalité, on ne retrouve que des mots positifs de son entourage. À tel point que, lors de son arrestation, certains étaient persuadé qu'il « couvrait quelqu'un » !

C'est pourquoi j'attendais avec impatience de prendre connaissance des rapports d'expertises psychologique et psychiatrique de cet homme, demandées par la juge d'instruction, comme dans tout dossier criminel.

Il en ressort que Dino Scala est « l'image même de la normalité, voire de la banalité », selon les médecins psychiatres Paul Bensussan et Frédéric Rouillon. L'homme que les experts ont rencontré au début de sa détention, dans sa cellule placée à l'isolement, est qualifié de « moyen » par les experts, qui reviennent sur son enfance. Sa mère est belge, très catholique. Une religion qui imprègne la famille Scala. Son père est italien et ses infidélités sont connues de tous. Dino Scala a grandi auprès de quatre frères et sœurs. Jusqu'à ses 18 ans, il fut enfant de chœur, comme les autres enfants de la famille. Il estime avoir été « lésé » dans sa fratrie. Ce thème revient souvent sous la plume des experts : Scala se dit lésé, donc, dans son travail, dans ses relations amoureuses... Si bien que les psychiatres lui demandent, à lui qui adore le cyclisme, s'il ne se sent pas comme Poulidor, l'éternel second. Au moment où il commettait ces agressions, cela aurait fonctionné « comme une métaphore », détaillent les psychologues. Dino Scala, qui souffrait de ne pas être dans la lumière, a été « l'agresseur de l'ombre ». D'ailleurs, l'homme ne connaît pas ses victimes qui restent pour lui des ombres. Nombreuses. Sans corps et sans visage, « réifiées ». S'en prendre à elles, poursuivent les experts, lui donne « l'impression qu'il a un impact sur les autres ».

Les experts psychiatres relèvent quant à eux que depuis son arrestation, il est « sincèrement désireux de comprendre les mobiles (inconscients) d'une telle répétition. » Les expertises parlent d'une « double personnalité », d'un « clivage : coexistence dans la même personnalité de deux facettes opposées ou incompatibles », et de pulsions « incoercibles et imprévisibles, y compris par le sujet lui-même ».

Ces mêmes experts psychiatres ont par ailleurs la mission de trancher si, au moment des faits, l'accusé était atteint d'un trouble de nature à abolir ou altérer son discernement. La réponse est non. Dino Scala n'est pas « fou », il est responsable pénalement. Les experts psychiatres s'expliquent dans leur rapport : « Le rejet de cette pathologie en tant que telle ne signifie naturellement pas que la propension à agresser ou à commettre un viol de manière itérative (en série) n'est pas un comportement psychopathologique (…) mais plutôt que d'autres études sont nécessaires à sa reconnaissance comme trouble mental. » Ce que les deux psychiatres soulignent, c'est que la société n'est pas prête à considérer le viol en série comme marqueur d'un trouble mental de nature à entraîner l'irresponsabilité pénale (et donc une hospitalisation plutôt qu'une incarcération). « Soulignons que cette non-reconnaissance ne signifie pas une méconnaissance du caractère pathologique du geste, mais semble surtout résulter de l'enjeu sociétal qu'il y aurait à intégrer le viol en série (plus de trois victimes) dans les classifications des troubles mentaux. »

Les experts doivent également se prononcer sur les capacités de réinsertion de leur sujet. En effet, toute peine d'emprisonnement ferme – à de très rares exceptions près – s'envisage avec l'optique d'une sortie. Un après. La réinsertion sociale est une des missions du système carcéral. En l'occurrence, le pronostic des experts psychiatres est favorable : « puisqu'il reconnaît les faits, en accepte les conséquences pénales, ressent une culpabilité envers les victimes et décrit son arrestation comme salutaire, ayant mis un terme à ses comportements dont il mesure la gravité. Ne se reconnaissant pas dans ces actes, il éprouve rétrospectivement une compassion non feinte pour ses victimes. » « Monsieur Scala est demandeur d'une aide pour mettre un terme à son trouble du comportement sexuel », concluent-ils.

Dans le cadre de sa détention, Dino Scala s'est même renseigné sur la possibilité d'une castration chimique. Les experts psychologues, qui ne se sont pas déplacés pour témoigner au procès, ont quant à eux conclu par écrit : « Monsieur Dino Scala ne devrait pas présenter de problèmes de réinsertion ou de réadaptation. Il serait souhaitable de lui faire une injonction de travail psychothérapeutique, il y semble accessible. Cela lui permettra d'apprendre à reconnaître ses pulsions et à y résister. »

En conclusion, cela choquera probablement l'opinion publique, mais de l'avis de tous les experts, Dino Scala est réinsérable, sans risque de récidive. Au terme de sa peine, il pourra réintégrer la société des hommes et des femmes. Notre société.

Personne ne défend le viol

Chaque époque a son fardeau. Ce que l'on qualifie d'« ère #MeToo » porte le sien très distinctement : la lutte contre les violences sexuelles. Un tel fardeau implique nécessairement de renforcer la répression contre les agressions sexuelles et les viols, d'améliorer la prise de conscience de ce que constituent de telles infractions et de comprendre la façon dont elles impactent les victimes, et par conséquent la société dans son ensemble. Cela implique surtout de mettre un terme au tabou que représente le viol. De comprendre ce qu'est le viol. Pourquoi il est commis, par qui. Une des difficultés tient au fait que, sur le plan juridique, le viol recouvre des situations de plus en plus diverses, en raison notamment du recours croissant à la qualification de « viol par contrainte morale » et de « viol par surprise » (*a contrario* du viol commis « par violence », « menace » ou « contrainte physique », dont chacun est en mesure de se faire une idée assez précise). Les auteurs présumés de telles infractions ne se ressemblent pas. Certains sont des agresseurs cagoulés et armés qui se jettent en pleine nuit sur leurs victimes, d'autres sont accusés d'abuser de leur autorité dans le but de contraindre, moralement, des victimes afin d'obtenir d'elles des actes sexuels. Tous encourent toutefois les mêmes peines. Tous sont appelés « violeurs ». Et il faut bien l'admettre, tous sont présumés coupables, avant même d'avoir eu l'opportunité de s'expliquer devant la justice.

Quoi qu'il en soit, pour l'opinion publique, les accusés de viols – qu'ils s'agissent de faits commis « par violence, contrainte, menace ou surprise » pour reprendre les termes de la définition légale – sont devenus les criminels indéfendables. Plus indéfendables que les meurtriers, les assassins, les terroristes… À tel point que certaines consœurs ont été accusées de « trahir leur genre » parce qu'elles défendaient des hommes accusés de viol. Si l'on suit cette logique, ces criminels ne pourraient être défendus que par… des hommes ? Les avocates seraient *de facto* exclues de certaines affaires, « par solidarité féminine » ? Cela n'a aucun sens.

Les valeurs féministes que je partage avec de très nombreuses consœurs ne sont (bien évidemment !) pas incompatibles avec l'exercice de la défense pénale. Elles sont même au cœur de notre pratique, notamment lorsqu'on défend un homme accusé de violences sexuelles. Défendre un « violeur », lorsque les faits sont avérés, n'est pas défendre son crime. Ce n'est en aucun cas cautionner cette violence. Une évidence qu'il faut parfois rappeler.

Expliquer pourquoi

Comprendre ce qu'est le viol impose de s'intéresser aux individus qui le commettent. On n'y coupera pas. Sans verser dans la fascination, ni chercher à se glisser dans la peau du criminel, on doit s'y intéresser, analyser, envisager, parler. Pour lutter contre les violences sexuelles, se limiter à appréhender ce que le viol cause de souffrances aux victimes est insuffisant.

Lors d'un procès d'assises, les psychiatres et les psychologues ayant été désignés au cours de l'instruction d'un dossier criminel, ne lisent pas leurs rapports dans leur intégralité. Ils n'en lisent que certains passages, ou font une présentation à partir de rapports rédigés parfois plusieurs années auparavant, lorsqu'ils ont procédé à l'expertise. Ce que disent les experts de la personnalité de l'accusé lors de l'audience n'est que pour partie contenu dans le rapport qu'ils ont rédigé. Tel n'est pas le cas lorsque les experts ne se présentent pas à l'audience. Alors leur rapport est lu. Dans le cadre du procès de Dino Scala, un collège d'experts psychiatriques, représenté par le docteur Paul Bensussan, est venu présenter les conclusions du rapport d'expertise et du rapport complémentaire d'expertise à la barre. Ce qu'il a exprimé devant les magistrats et les jurés était très fidèle au contenu des rapports écrits. Il était toutefois intéressant qu'il souligne, en amont de sa présentation, qu'il aurait été bénéfique qu'il puisse procéder à un nouvel examen de l'accusé peu de temps avant le procès, pour faire état devant la Cour de son évolution éventuelle, de son cheminement.

Où en était cet homme après quatre ans et quatre mois de détention ? Qu'avait-il compris de ces actes ?

Lors des débats, un de mes confrères défendant les intérêts d'une partie civile, a indiqué à monsieur Scala : « *Les victimes en ont ras-le-bol de vous entendre dire "je suis coupable"* ». Je pense que ce qu'il cherchait à exprimer était qu'elles auraient préféré qu'il puisse expliquer pourquoi. Pourquoi de tels actes. Pourquoi elles. Qu'il leur permette de comprendre. J'ai eu le sentiment que tout le monde, la Cour y compris, aurait mieux compris l'accusé s'il avait cherché à justifier ses actes. S'il s'était étendu sur les violences subies dans son enfance de la part de son père. Sur le contexte incestueux dans lequel il a dû grandir avec ses frères et sœurs. Sur l'absence du moindre geste de protection ou même d'affection de sa mère. La Cour, et peut-être même les victimes, auraient sans doute préféré que mon client affirme détenir toutes les clés sur les raisons de ses passages à l'acte…

En même temps, comment aurait-il pu apporter une explication, *a fortiori* une explication convaincante, alors que d'éminents experts ne sont pas parvenus à apporter une réponse définitive, évoquant même, sur certains aspects, la notion d'« *énigme psychopathologique* » ?

Je n'ai pas compris qu'on reproche autant à cet accusé de ne pas expliquer son passage à l'acte. Je repense aux mots de Neige Sinno, dans son récit remarquable *Triste Tigre*, sur l'inceste subi par son beau-père et les conséquences sur sa vie. Elle y livre le sentiment que peut ressentir une victime de viols lors du procès de son agresseur :

> Les pervers peuvent parler d'eux-mêmes pendant des heures, analyser leur propre tragédie, même essayer de comprendre l'absence d'empathie qui les caractérise. Ils se trouvent passionnants et sont souvent contents d'avoir un auditoire, mais ils n'ont rien à dire de neuf sur ce qu'ils ont fait.[12]

---

12. Neige Sinno, *Triste Tigre*, P.O.L, 2023.

Je comprends un tel jugement, ou plutôt un tel ressenti. Mais je ne peux m'empêcher de penser qu'un accusé a donc toujours tort. S'il s'exprime trop, il est perçu comme pervers ; s'il se montre discret, voire secret, il est indifférent ?

Je ne sais pas s'il existe une posture idéale lorsqu'on est accusé de faits aussi graves. Je ne pense pas qu'il faille voir dans le refus d'un accusé de s'étendre sur ses blessures les plus profondes, un affront de sa part. Il ne faut pas non plus déduire de l'incapacité à expliquer la cause de ses actes, une absence de prise de conscience de leur gravité. Le refus d'expliquer son crime peut tout simplement être dû à la crainte de donner l'impression qu'il s'en justifie.

Tout au long de l'instruction, lorsque je questionnais mon client au sujet de son père et des maltraitances que subissaient tous les membres de sa famille, ou encore lorsque la juge d'instruction l'interrogeait à ce sujet, il se bloquait. Sa gorge s'enrouait et il n'arrivait que très difficilement à en parler. Un des premiers jours du procès, alors qu'il commençait à se confier sur ce qu'il avait vécu lorsqu'il était enfant, évoquant son père, cette famille dysfonctionnelle et incestueuse dans laquelle il a grandi, un de mes confrères, avocat de parties civiles, l'a invectivé très durement : « *Vous voulez nous dire que vous avez agressé toutes ces femmes car vous avez été abusé petit, monsieur Scala ?* ». Après cela, il n'a plus été question de parler, ni même de faire allusion, à son enfance. Il a fini par dire : « *Ça ne change rien, c'est mon procès, pas celui de mon père* ». Il considérait, à juste titre, être le seul responsable de ses actes envers les femmes qu'il avait agressées, dont beaucoup se trouvaient sur les bancs des parties civiles.

Évoquer le détail de ses propres traumatismes dans le cadre de son procès lui paraissait inutile. Peut-être même grossier compte tenu des souffrances causées à toutes ces femmes.

Je pense qu'il estimait en outre que ce que sa petite sœur était venue raconter devant la Cour était suffisant. Un secret aussi douloureux… dans une famille de muets.

La famille de l'accusé

J'ai rencontré un jour le fils de mon client sur le parking de la maison d'arrêt de Lille-Sequedin. C'était environ un an après l'arrestation de son père et son incarcération. Je me suis demandé comment ce jeune homme d'environ 25 ans, qui semblait si timide, poli et gentil, allait réussir à gérer une telle déflagration. Il était assez aisé de lire dans son regard qu'avec ce père en prison, son monde s'était écroulé. J'ai même cru y lire une forme de honte qui n'avait pourtant pas sa place ici. Une honte probablement liée à la peur que ce lien avec leur père soit perçu comme un acte de complicité.

Régulièrement, lorsque ses deux sœurs ou sa mère sont insultées sur les réseaux sociaux, pour être « les filles Scala » ou « l'épouse du violeur de la Sambre », j'en suis informée par mon client. Cela me heurte et je me sens impuissante. Je donne à cette famille l'unique conseil qui tienne : ne pas aller sur les réseaux sociaux, ne pas lire tous ces messages haineux. Lorsqu'elles sont agressées dans la rue, ou dans un supermarché, ou même aux abords de leur domicile (c'est arrivé plusieurs fois depuis l'arrestation de Dino Scala), là encore, je me sens impuissante. Je leur donne le seul conseil qui vaille : aller porter plainte.

La dernière agression a eu lieu moins d'un mois avant le procès. Elle m'a particulièrement heurtée car la fille de mon client était alors enceinte de huit mois. Elle a été attrapée au poignet par un individu qui a reconnu « la fille du violeur de Pont-sur-Sambre », puis elle a été jetée au sol, sous les yeux de son jeune fils et de son compagnon. Cet homme, qui estimait pouvoir s'en prendre à elle en raison de son lien de paternité avec un criminel, était un ancien voisin. Le soir même, il lui a écrit via Messenger, évoquant de nouveau le « Violeur ». J'ai lu le procès-verbal de plainte déposé à la suite de cette agression. Lorsque le policier lui a demandé : « Pourquoi cet homme vous parle de Pont-sur-Sambre et du violeur ? », la fille de mon client a simplement répondu : « Car le Violeur de Pont-sur-Sambre, c'est mon père. »

Quelques jours avant le procès, la plus jeune fille de mon client – dont ses deux parents s'accordent à dire qu'elle est remarquablement courageuse –

m'a écrit une lettre pour m'annoncer qu'elle ne viendrait finalement pas témoigner au procès. Dino Scala avait donné son accord pour que ses enfants témoignent à condition qu'ils le demandent d'eux-mêmes. Il ne voulait rien leur imposer. Il n'a rien caché de sa peur de les savoir dehors à l'approche du procès, alors que lui était protégé « à l'intérieur ». Voici en substance la teneur du courrier de sa cadette, adressé à mon attention :

> Je m'étais portée volontaire pour témoigner sur la personnalité de mon papa. Je me sentais assez forte mais depuis que je me suis proposée, j'ai énormément de crises d'angoisses, je m'en sens incapable.
>
> Cette peur s'est amplifiée lorsque ma grande sœur enceinte de huit mois a été jetée à terre le dimanche 15 mai par un individu qui habitait à Pont-sur-Sambre, l'a reconnue et l'a insultée en criant devant de nombreuses personnes qu'elle était la fille du violeur en insistant bien sur le nom et prénom de mon papa, qu'elle devrait avoir honte de sortir… etc.
>
> Vu cette agression et celles subies au début de cette histoire par ma mère et l'acharnement de la presse, je me sens incapable de me présenter.

Cette jeune femme a souhaité écrire à la Cour et aux jurés afin de présenter ses excuses pour son absence. Son courrier a été lu en audience publique, ainsi que les « témoignages écrits » de son frère et de sa sœur. Ils ont été partiellement retranscrits dans la presse. En voici quelques extraits :

> De mon père, je peux vous dire beaucoup de choses. La première est qu'il est pour moi un modèle avec lequel j'ai grandi. De lui, j'ai appris de nombreuses valeurs, comme le respect, la gentillesse, le partage, la générosité ou encore la bienveillance. Avant son arrestation en 2018, il est pour moi un père et un homme irréprochable et exemplaire. De mon père je ne sais vous dire que du bien. Mon père est et restera mon père car il m'a permis d'être en grande partie qui je suis. Je ne le remercierai jamais assez de m'avoir permis d'avoir une enfance où je ne manque de rien. Il a toujours été là pour moi et ma famille et pour cela je le remercie encore.
>
> Je ne comprendrai jamais cette situation car nous avions toujours eu un père aimant, proche, qui faisait toujours tout pour nous et les autres. On ne manquait de rien ce que l'on rêvait la nuit, on l'avait le lendemain. Après l'école on allait toujours chez nos grands-parents maternels avec eux il était très proche. S'ils étaient encore là, ils vous

> diraient que du bien. J'aimerais juste ajouter un dernier point, n'oubliez pas que nous sommes là, quand vous sortez vos articles, vos reportages et que vous divulguez nos noms cela nous touche, nous sommes les premiers à subir les moqueries, les regards insistants, les insultes.
>
> Avec nous, il a vu ce qu'était une vraie famille. Merci d'être le papa que tu as été pour nous, un homme bon et gentil. Dans cette lettre, je décris le papa et l'homme qu'il est, merci de ne pas tout mélanger, nous n'avons rien à voir avec cela (les faits commis).

Un des nombreux commentaires sur les sites internet des médias ayant relayé ces témoignages a été le suivant : « *Ils soutiennent leur père, ils méritent autant que lui !* » *Il y en a tant d'autres… allant jusqu'à* « *qu'on leur tire une balle à lui et sa famille.* »

Il ne s'agit en aucun cas de soutien. Ce criminel est tout simplement leur père. Un tel lynchage est incompréhensible à l'égard des enfants qui ne font que témoigner de leur lien avec leur père.

Lorsque vous tapez le nom de « Dino Scala » sur les moteurs de recherche, les premiers résultats suggérés sont : *Dino Scala femme*, *Dino Scala famille, Dino Scala fille*. C'est ce qui intéresse. C'est ce que les gens cherchent.

La famille Scala n'est pas la seule « famille de criminel » à subir l'opprobre sociale et les mouvements de haine collective. Ils sont nombreux à déposer des plaintes pour menaces, agressions, injures, harcèlement… Les proches d'un accusé n'ont aucune existence juridique, aucun droit spécifique, aucune aide (pas même psychologique), et ce, aussi effondrés soient-ils par les actes de leur parent et affectés par le lynchage qui peut en résulter. L'existence des liens familiaux est pourtant un gage de réhabilitation pour le condamné. Se priver du concours des familles serait se priver des ressorts qui pourraient permettre sa réinsertion une fois sa peine purgée. Une plus grande considération envers les familles porte en elle l'espoir d'une action répressive qui ne favoriserait pas simultanément ce qu'elle prétend condamner.

Il faudrait réserver un banc au procès pénal pour la famille de l'accusé. Un banc à part, tant leur situation est particulière. J'ai trouvé seulement un article de presse qui évoque le sort que notre société leur réserve, elles y sont désignées comme des « *victimes collatérales* ». Un médecin psychiatre y évoque ce que je constate moi-même dans les dossiers criminels qui me sont confiés :

> Pour une partie de l'opinion publique, l'entourage ne peut pas ne pas être au courant du crime. C'est comme s'il devait répondre de l'acte commis par leur proche. Et s'il est manifeste, au vu des éléments du dossier, qu'ils ne savaient rien, on leur reproche alors de ne pas avoir su anticiper, d'avoir fait preuve d'une cécité… coupable.[13]

Je suis l'avocate d'un homme coupable, et incidemment, de sa famille, qui n'est pourtant coupable de rien.

---

13. Article paru dans *La Croix*, « La double peine des familles de criminels », par Marie Boëton, 18 juin 2018, et intervention du docteur Bernard Vilamot, du syndicat des psychiatres hospitaliers.

Sixième partie

Médiatisation

Définition du fait divers :
« Commis par un être qui a manqué d'imagination, il stimule la nôtre ».

Roger Grenier,
Le rôle de l'accusé (1948)

P.R. : Je suis arrivée au JDD *avec l'affaire du violeur de la Sambre sous le bras. Fait diversière à* La Voix du Nord *auparavant pendant près de huit ans, je m'étais intéressée à cette affaire plus qu'aux autres, elle m'intriguait. Au début, nous étions relativement peu de journalistes à nous pencher sur ce dossier. Le lieu des faits, peut-être, le côté nordiste, le côté sordide, et aussi le fait que les avocats saisis étaient tous locaux. Un frein pour la presse parisienne.*

Très vite, la famille de Dino Scala change de conseil, comprenant qu'il faut un avocat spécialiste en droit pénal pour cette affaire dont l'ampleur est exceptionnelle. Ce sera Margaux Mathieu, que son client a suivi du cabinet d'Éric Dupond-Moretti à celui d'Hervé Temime. Mais Margaux Mathieu, dans l'intérêt de son client Dino Scala, et par nature aussi, veut se faire discrète à l'égard des médias. Tout ceci combiné a pour conséquence que la médiatisation est loin d'être soutenue pendant la période d'instruction du dossier qui dure près de quatre ans.

Au procès, la situation est différente. Céline Clément-Petremann, responsable de la communication de la cour d'appel de Douai, est sur les braises.

Tous les médias principaux français et belges francophones sont accrédités. Le jour de l'ouverture du procès, nous sommes une masse, un ensemble hérissé de caméras et ponctué de micros. Je suis là pour le JDD*, surtout pour le site Internet puisque, n'ayant qu'une seule parution le dimanche, il est très rare que nous chroniquions les audiences. Mais c'est une affaire qui m'intéresse, « mon » affaire, je la suis depuis quatre ans et je n'envisage pas de rester à la rédaction, à Paris, alors que Dino Scala s'apprête à être jugé.*

Pour permettre à nos lecteurs d'avoir un lien avec les acteurs du procès, de suivre tout ce qu'il s'y passera, même les quelques jours où je ne pourrai être présente, je trouve un subterfuge : je demande à un avocat présent pendant tout le procès, défendant les intérêts de deux parties civiles (l'une victime d'attouchements sur les fesses et la poitrine, l'autre victime d'une tentative d'agression sexuelle), de chroniquer quotidiennement ses impressions d'audience. C'est évidemment un point de vue – par définition subjectif – mais cet avocat lillois, Emmanuel Riglaire, a le talent nécessaire et l'intelligence de prendre du recul.

Voici une de ses chroniques :

> ***Procès du violeur de la Sambre : quand la police judiciaire vient expliquer ce qui « a mal fonctionné »***
> *Franck Martins, chef de groupe de la police judiciaire de Lille, et son adjoint sont restés debout ce mardi devant la Cour pendant six heures. Leur audition était capitale puisqu'elle a permis de décortiquer trente ans d'enquête, dont le résultat est ce procès, celui du violeur de la Sambre, devant la cour d'assises de Douai. Franck Martins a évoqué l'image d'un « tamis à grosses mailles », pour rattacher les affaires non résolues de viols et d'agressions sexuelles à Scala après son arrestation le 26 février 2018. « Ce n'est plus un tamis, c'est une passoire ! », s'est exclamée Margaux Mathieu, brillante en défense. Il est clair, et c'est très important, que ce tamis a mal fonctionné. Certaines femmes, agressées par un homme dont le mode opératoire se rapprochait pourtant de celui du « violeur de la Sambre » n'ont pas été gardées dans le dossier Scala, comme victimes potentielles. Et d'autres, qui décrivent un agresseur parfois éloigné de l'accusé que nous avons devant nous aujourd'hui, se retrouvent à être parties civiles.*

C'était compliqué ce matin pour les deux policiers de la PJ parce qu'ils ne sont pas seuls responsables de l'enquête, c'est un travail à trois têtes : le directeur d'enquête certes, mais aussi le procureur et le juge d'instruction. Or ces deux derniers, les magistrats, ne seront pas là, à la barre, pour être questionnés par les parties. Ce n'est pas la coutume en France, contrairement à la Belgique par exemple, où c'est le juge d'instruction qui vient rendre compte des investigations.
Il y a dans ce dossier un chiffre noir des victimes. Entre celles qui n'ont jamais déposé plainte, à l'époque on le faisait encore moins, celles qui l'ont fait mais dont la dénonciation a été mal qualifiée, donc pas recoupée par la PJ, ou celles qui ont été écartées du dossier durant l'instruction pour cause de mauvais tamis… À ce jour, à toutes ces femmes, à toutes ces victimes, la justice n'a rien à proposer.
Il était intéressant d'entendre Franck Martins présenter ses excuses aux plaignantes au nom de la police, pour le mauvais accueil qui a été fait à certaines. C'est indéniable, on ne savait pas bien alors écouter les victimes. Mais aujourd'hui on est sûrement dans l'excès inverse. À vouloir être trop gentil, trop aimable, trop obséquieux vis-à-vis de la parole de la victime, on peut commettre des erreurs judiciaires.

> *Cet après-midi a débuté l'examen des premières victimes de Dino Scala, et on commence par une absente qui parle d'un homme d'1,90 m et 100 kg – rien à voir avec le gabarit de Scala –, et dont la plainte initiale a été perdue. Ça fait beaucoup. C'est très compliqué pour les jurés, et c'est du pain bénit pour la défense.*

Lors de sa plaidoirie, Emmanuel Riglaire comparera ses clientes à des « anges » à qui l'accusé a « coupé les ailes ». Après, leur vie n'a jamais plus été la même. L'une d'elles est Mélanie, cette femme au courage exceptionnel avec laquelle j'ai échangé plusieurs fois. Elle n'avait que 14 ans lorsque Dino Scala l'a agressée, lui touchant la poitrine et les fesses avant de s'enfuir en la laissant seule sur le bord du chemin.

De manière assez habituelle en matière de presse judiciaire, la médiatisation retombe après le procès. Puis, en début d'année 2023, la journaliste Alice Géraud publie un ouvrage portant sur l'affaire Scala, Sambre. Radioscopie d'un fait divers. *Le livre est suivi d'une série-fiction, diffusée sur France Télévisions, « librement inspirée » de l'affaire Scala. Le livre occulte volontairement Dino Scala. La série s'en éloigne davantage encore, ne le dépeignant qu'à travers un personnage fictif dénommé « Enzo Salina » – mais désigné comme le violeur de la Sambre. Si ce que traite ce livre et cette série-fiction représente un point de vue tout à fait intéressant, et même d'intérêt public, on ne peut que regretter que cela place le grand public dans la confusion la plus totale entre fiction et réalité. Depuis la diffusion de cette série, vue par plus de 3 millions de téléspectateurs, la médiatisation sur cette affaire ne retombe pas. Je suis toujours surprise de constater, à chaque information concernant l'affaire Scala, de l'ampleur des reprises et du nombre de consultations sur le site internet de RTL. C'est que cette affaire intrigue encore, intéresse toujours. Parce qu'il y a encore beaucoup à dire et à écrire.*

Huis clos

Les débats devant une cour d'assises sont en principe publics. Cela signifie que toute personne peut entrer dans la salle d'audience lors d'un procès criminel. Lors d'un procès pour viol, le huis clos est toutefois de droit, si ne serait-ce qu'une des victimes parties civiles en fait la demande. On considère que le droit au respect de la vie privée des victimes doit primer sur le principe de la publicité des débats. Les journalistes sont alors tenus à l'écart des débats, les propos des uns et des autres ne sont pas retranscrits en « live » dans les médias.

À mon grand étonnement, aucune des parties civiles du procès de Dino Scala n'a formulé de demande en ce sens. Ont-elles toutes été informées de ce droit ? Je l'ignore. Plusieurs d'entre elles ont évoqué leur gêne et leur appréhension du fait de la présence de si nombreux journalistes à l'audience (ce que l'on peut aisément concevoir). Une de mes consœurs a même confié que sa cliente n'était pas venue au procès par crainte de sa grande médiatisation. Il m'a par ailleurs semblé que l'absence de huis clos enrayait parfois le processus judiciaire. La demande de lecture d'un rapport d'expertise psychologique d'une partie civile – une pièce du dossier dont la lecture par la cour ne devrait faire l'objet d'aucune controverse – a par exemple été refusée à la défense et vécue comme une offense à l'intimité de la victime. Si les débats s'étaient déroulés « hors ligne », en protégeant la vie privée de chacun, auraient-ils été vécus plus sereinement ?

Ce qui est certain, c'est qu'un huis clos aurait permis plus de confidentialité et, par conséquent, plus de dialogue. La demande de huis clos formulée par les membres de la famille de l'accusé, au moins lors de leurs témoignages à la barre, a été rejetée. La confidentialité des débats n'est pas un droit pour l'accusé ni pour sa famille.

A-t-on considéré qu'une couverture médiatique constante lors l'audience protègerait davantage les intérêts des victimes que des échanges confidentiels qui auraient probablement été plus apaisés ?

L'engrenage médiatique et les préjugés

Dans *Le bûcher des innocents*, un livre fascinant paru en 1993[14], Laurence Lacour s'est intéressée au rôle des médias dans les affaires judiciaires et à l'influence de l'opinion publique. Elle-même journaliste, elle y critique sévèrement les dérives de l'emballement médiatique, la démesure et les excès qui sont venus parasiter une affaire criminelle, trop bien connue en France, celle du meurtre de Grégory Villemin. Elle ouvre son propos sur une citation de François Fénelon : « *On déshonore la justice quand on n'y joint pas la douceur et les égards* ». Face aux crimes, la prudence du ton devrait toujours primer sur l'attrait de certains médias pour le scoop et l'article « qui fait des clics ». C'est, hélas, l'inverse qui se produit, il faut bien l'admettre. Lors d'un récent

14. Laurence Lacour, *Le bûcher des innocents*, Plon, 1993 ; rééd. Les Arènes, 2016.

échange avec des journalistes, tous s'accordaient à dire que, pour être publié, il faut parfois choisir un angle « à la mode ». Très clairement, le point de vue de la défense dans un dossier de viol n'est pas un angle journalistique « à la mode ».

Hervé Temime disait : « *On ne peut pas empêcher un journaliste d'avoir une conviction. Mais on peut exiger de lui de ne pas gommer les éléments qui n'iraient pas dans le sens de ses préjugés* ». Il est indéniable que, dans le cadre du traitement médiatique du dossier du « violeur de la Sambre », les éléments n'allant pas dans le sens de certains préjugés ont été éludés. Par exemple, le fait qu'un homme accusé de viols devrait nécessairement être un monstre, dénué de toute capacité humaine, est un préjugé à la peau dure. Sincérité, compassion, remords ? Impossible… Les avis de divers experts psychiatres importent peu, remettre en question ce sacro-saint cliché relève de l'utopie.

Gommant tout autre aspect du dossier, l'opinion publique s'est exclusivement focalisée sur l'émotion suscitée par le récit des victimes et par les carences du système à leur égard. Comme si le monde découvrait, au moment où l'affaire Scala était jugée en 2022, en plein mouvement #MeToo, les impacts de la violence sexuelle sur les victimes. Il ne fallait donc évoquer que cela. Je comprends l'émotion (qui ne comprendrait pas ?) et l'intérêt général à faire état des conséquences dramatiques de la violence sexuelle sur la vie des victimes et celle de leurs proches. C'est le rôle des médias que de relater ces drames et de dénoncer les errances du système judiciaire. C'est d'ailleurs davantage le devoir des médias que celui d'une cour d'assises…

Mais il est difficilement compréhensible que tout autre propos et toute forme de nuance apparaissent si malvenus.

La soif du pire

Le fait divers entraîne nécessairement la fiction. Quand une affaire criminelle émerge, chacun donne son avis, bien souvent en prenant des libertés avec la réalité. «*Mon coiffeur et mon concierge ont leur opinion sur cette affaire, déplore-t-il avec une once de mépris*», peut-on lire de la plaidoirie d'un confrère dans *Le bûcher des innocents*. Or, la fiction appelle le pire. Plus c'est noir, plus on aime. Personne ne luttera contre cette soif, ni contre la nature humaine. En revanche, lorsque des médias eux-mêmes, de manière tout à fait décomplexée, se mettent à faire de la fiction avec les faits, bien réels, d'un dossier criminel en cours d'instruction, et qui n'a pas encore été jugé définitivement, on s'y perd… c'est surtout le signe que la société part à la dérive.

Ce qui m'a marquée, ce n'est pas tant l'emballement médiatique après le procès de Dino Scala que la démesure avec laquelle les faits ont été présentés. Pourquoi en rajouter, extrapoler, tordre les faits ? Pourquoi noircir le trait ? Pourquoi réifier le responsable de ces violences et le déshumaniser ?

Le simple fait que ce dossier soit présenté dans la plupart des médias comme d'une gravité « inédite », jamais vue en matière de violence sexuelle, est une hypocrisie. L'histoire judiciaire est sinistrement pavée d'affaires de viols en série tout à fait similaires. Dénier cette réalité ne sert en rien la cause de la lutte des violences faites aux femmes, au contraire. Dans le seul dossier Scala, un homme avait reconnu avoir commis aux abords de Maubeuge « *une centaine d'agressions sexuelles et de viols* ». Et il y a tant d'autres affaires, loin de la Sambre. Cet homme condamné en 2005 pour 34 viols et plusieurs tentatives de viols, commis au domicile de ses victimes dans l'ouest de la France[15] entre 1987 et 2002 – lequel

15. *La Dépêche du Bassin*, faits divers : « C'est une histoire qui marque, qui heurte et qui choque. Une longue succession de faits étalés sur quinze années, répartis entre Arcachon et Hossegor. Dans des rues tranquilles et discrètes aux volets souvent clos. En février 2002, *La Dépêche* titrait sur "Le violeur du Moulleau arrêté et écroué" et écrivait ceci : "Monsieur Tout-le-monde, marié et père respectable de deux enfants, Roland Cazaux, a créé la stupeur dans sa ville landaise de Saint-Geours-de-Marennes. S'il est déclaré coupable au terme de la procédure, il pourrait être responsable de dizaines de viols et agressions sexuelles, et encourrait une peine de quinze ans de réclusion, au minimum. " Roland Cazaux sera

écopera d'une peine de quatorze ans de prison et sera libéré au bout de dix ans. Ou cet autre, condamné à vingt ans de prison pour une quinzaine de viols et autant d'agressions sexuelles commis dans la forêt de Sénart entre 1995 et 2001. Ou encore, cet homme ayant violé neuf petites filles et agressé sexuellement dix-huit autres, entre 1990 et 2003, condamné à dix-huit ans de réclusion. La liste des violeurs en série condamnés en France est longue. Celle des violeurs en série jamais rattrapés par la justice est probablement encore plus longue. Les peines prononcées sont variées. Le comportement des accusés, lui aussi, est varié. Certains se taisent. Certains mentent. Certains se moquent. D'autres avouent.

Le fait que ces autres cas, gravissimes, multiples et variés, existent, ne vient en rien amoindrir la gravité de ce qui est reproché à Dino Scala. Mais je m'interroge sur le fait que ce dossier ait si souvent été évoqué par le prisme de l'aggravation, quitte à déformer franchement la réalité. Dino Scala a été reconnu coupable d'avoir commis 16 viols, 3 tentatives de viols (19 crimes au total, tous reconnus) et 35 agressions sexuelles ou tentatives d'agressions sexuelles (dont 21 reconnues). Il paraît insensé

---

déclaré coupable – trois ans plus tard en 2005 – et sera condamné à quatorze années de réclusion. »

d'envisager d'aggraver de tels actes. Pourtant, on lit régulièrement dans la presse que Dino Scala a été condamné pour «*54 viols*», on lit même même «*56 jeunes filles, 56 viols aux procédés atroces*», ou encore qu'«*il faudra trente ans pour arrêter cet homme responsable d'au moins 67 viols*», mais aussi, vous dit-on: «*Il s'appelle Dino Scala et il reconnaît rapidement être l'auteur d'une quarantaine de crimes. Il y en a en réalité bien davantage…*»[16]. Sans aucune mesure, aucune preuve, aucun indice, mais avec certitude et conviction, de nombreux médias propagent l'information: il est coupable d'une montagne d'autres faits.

Une fois qu'un homme a été jugé définitivement, le fait de remettre en cause publiquement le bien-fondé des acquittements dont il a bénéficié (pourtant loin d'être discutables, d'ailleurs non contestés par le parquet) et de clamer dans les médias qu'il a en réalité commis de nombreux autres crimes, est contraire à tous les principes de notre société.

---

16. https://www.radiofrance.fr/franceinter/podcasts/affaires-sensibles/affaires-sensibles-du-lundi-04-decembre-2023-6787500#

Septième partie

Le verdict et l'après

Je plaide souvent que juger est une gageure,
qu'avant d'espérer bien juger, il faut souhaiter
juger le moins mal possible.

Éric Dupond-Moretti

P.R. : *Dino Scala a été condamné à vingt ans de réclusion criminelle – la peine maximale pour un viol avec circonstance aggravante d'usage ou de menace d'une arme – pour 16 viols, 3 tentatives de viols, et 35 agressions sexuelles ou tentatives d'agressions. Tous ces faits ont été commis dans cette vallée verdoyante de la Sambre, hérissée de villes industrieuses, dans un losange de trente kilomètres sur quinze, sur une période de trente ans, entre 1988 et 2018.*

Il y avait peu de mystères sur la peine qui serait prononcée. Elle serait sévère, maximale. Ce n'était pas l'enjeu du procès, m'avait dit Margaux Mathieu lorsque je l'avais rencontrée en amont de l'audience. Une question sociétale a néanmoins été soulevée : en France, en l'état actuel de la loi, un homme encourt la même peine qu'il ait commis un seul viol ou vingt viols. Seul l'état de récidive (c'est-à-dire le fait de commettre les mêmes actes après une condamnation définitive) permettrait d'aller au-delà de la peine maximale de vingt ans. Aux États-Unis par exemple, les peines se cumulent pour atteindre des nombres infinis. La question est intéressante, et méritait d'être posée.

Sur les 56 faits pour lesquels Dino Scala était mis en accusation devant la cour d'assises, il a été acquitté pour deux faits. Deux crimes. Il a toutefois été condamné pour 14 délits qu'il contestait. C'est la raison pour laquelle il avait, dans un premier temps, interjeté appel de la décision, avant de se désister, quelques mois plus tard. Sa condamnation est aujourd'hui définitive. Il purge sa peine dans la maison d'arrêt de Lille-Sequedin, située sur un lacet de l'autoroute A25, au milieu de nulle part. Il dort dans une cellule à l'isolement. Plusieurs surveillants pénitentiaires m'ont confié leur « étonnement » face au fossé entre la perception publique de celui qui est appelé le « violeur de la Sambre » et le « petit papi », comme ils me l'ont décrit, qui passe ses journées en cellule à écrire des lettres pour sa famille, ou pour aider des co-détenus qui ne savent pas écrire, à regarder du sport à la télé, du foot et du cyclisme, ses deux passions. De manière peu compréhensible au vu de son profil de « pointeur », il n'a pas de problème avec les autres détenus.

Le 15 mars 2023, le parquet de Valenciennes a sollicité l'ouverture d'une nouvelle information judiciaire. Les investigations, confiées à la police judiciaire de Lille, portent sur 14 plaintes ou signalements pour des faits commis entre 1988 et 2009: six « attentats à la pudeur » (le fait de « toucher la poitrine ou le sexe » des victimes, selon la dénomination légale avant 1994); cinq tentatives de viol; un cas d'atteinte sexuelle; deux viols. À l'époque des faits, au moins deux de ces femmes étaient âgées de moins de 15 ans. Il s'agit, me précise la procureure à Valenciennes que j'interroge à l'époque pour le JDD*, de « 13 victimes qui apparaissaient dans l'enquête initiale » et d'une quatorzième « intégrée dans le cadre de l'information judiciaire mais qui n'apparaissait plus au stade du renvoi devant la cour d'assises ». Elle a « pris attache avec la police judiciaire de Lille pour renouveler sa plainte ». Une quinzième femme a été entendue par la police judiciaire pour des faits similaires et elle a été depuis intégrée à la procédure. Depuis, j'ai appris, en enquêtant pour RTL cette fois, que trois autres victimes s'étaient signalées, en raison de la médiatisation de l'affaire. Le parquet de Valenciennes m'a confirmé étudier deux de ces trois faits, une agression sexuelle et une tentative de viol. Pour le moment, je n'en sais pas davantage. Cette seconde procédure, qui mènera peut-être à un deuxième « procès Scala », est couverte par le secret de l'instruction. Dino Scala n'est à ce stade pas formellement mis en cause dans cette affaire. Un an et demi après l'ouverture de cette information judiciaire, et à l'heure où nous envoyons notre livre pour publication, Dino Scala n'a toujours pas été convoqué par la magistrate de Valenciennes en charge de l'instruction. La défense attend. Margaux Mathieu a sollicité l'interrogatoire de son client et un accès au dossier. À ce jour, son client n'a aucune possibilité de se défendre ou même de s'expliquer. Il apprend dans la presse, par bribes, le contenu de ce nouveau dossier qui le concernera peut-être un jour.*

Le secret du délibéré

Le prononcé d'un verdict est toujours un choc, même lorsqu'il est sans surprise sur le quantum de la peine. Lorsqu'elle prononce sa décision, une cour ne donne aucune explication. Elle explique uniquement par un « oui » ou un « non » si l'accusé est jugé coupable.

Le 1er juillet 2022, la cour d'assises du Nord n'a rien expliqué des raisons pour lesquelles elle a décidé de suivre les arguments de la défense uniquement dans certains dossiers. La défense ignore ce qui a amené la Cour et les jurés à prononcer deux acquittements et à déqualifier neuf tentatives de viol (une qualification criminelle) en tentative d'agression sexuelle (un délit de moindre gravité, deux fois moins sévèrement réprimé). Ce qui est certain, c'est que la cour a refusé de condamner l'accusé pour les crimes qu'il contestait avoir commis : pour chacun des crimes dont il affirmait ne pas être l'auteur, il a été acquitté. Il s'agissait donc d'une décision favorable à la thèse de la défense selon laquelle ses aveux étaient aussi sincères que ses dénégations. Pour autant, la défense a regretté que la cour ne soit pas allée au bout de son raisonnement concernant les 14 infractions délictuelles contestées. Hormis un prétendu « mode opératoire identique », aucun élément ne permettait d'aller contre les déclarations de Dino Scala et d'établir sa culpabilité. C'est initialement pour cette raison qu'un appel a été interjeté.

Après le prononcé du verdict, il est d'usage pour les avocats de la défense d'aller saluer les magistrats de la cour. C'est à cette occasion qu'un des trois magistrats me félicite pour les acquittements obtenus, puis, avec courtoisie, croit bon de me dire que, concernant les autres faits contestés par mon client, « *le doute n'a pas suffi* ». Cette phrase s'est ancrée en moi, elle est l'opposé même de ce que l'on m'a toujours inculqué, des bancs de la fac aux bancs de la défense : le doute doit profiter à l'accusé. J'aurais préféré que ce magistrat me dise que la cour et les jurés ont estimé qu'il n'y avait aucun doute.

Lors du procès, il y a eu un moment clé.

Alors que sont évoqués des faits de tentative d'atteinte sexuelle sur une femme, mon client demande à prendre la parole. Le président de la cour la lui donne. Il dit alors que s'il n'est pas aller plus loin lors de cette agression, c'est uniquement à cause d'un bruit qui l'a fait fuir. Puis, il prononce exactement ces mots : « *J'aurais pu aller jusqu'au viol s'il n'y avait pas eu ce bruit, c'est donc une tentative de viol.* » Il se rassoit. Les magistrats et mes confrères sont médusés. Moi aussi, je dois l'avouer.

Comment aurait-on pu ne pas comprendre, à ce moment précis, que cet accusé ne suivait aucune tactique ? S'il y avait là une stratégie de défense, cela faisait de moi une bien mauvaise avocate. Cette demande, inédite, de « criminalisation » d'un fait qualifié par l'accusation comme un délit, doublait la peine maximale encourue. Cela avait pour seule conséquence d'aggraver la situation de l'accusé.

Je suis convaincue qu'il s'agit d'un des moments de l'audience ayant amené la cour à prendre des décisions d'acquittements.

Deux acquittements indiscutables

S'agissant des deux crimes pour lesquels Dino Scala a été acquitté, il y avait un fait de viol commis un matin de janvier 2002 sur une femme blessée à l'arme blanche par son agresseur. À la suite de ce viol, elle avait mis plusieurs semaines avant de porter plainte, par honte. Un article sur son agression, avec des photos des lieux et un résumé de l'enquête, paraissait quelques semaines plus tard dans le magazine *Le Nouveau Détective.* Puis, plus rien. Elle s'était mise à prendre du poids, comme pour se protéger d'une autre agression dira-t-elle. Parmi la dizaine d'invraisemblances rendant manifeste que Dino Scala n'était pas l'auteur de ce crime, notamment le coup de couteau donné par son agresseur (Dino Scala n'ayant jamais blessé personne à l'arme blanche), un point a été mis en exergue par la défense. Le véritable coupable avait manifestement été laissé de côté par les enquêteurs. Il ressortait en effet du dossier qu'un homme avait été interpellé à la suite de cette agression, tout correspondait (le signalement, une toxicomanie avérée de l'individu, une attitude suspecte), il avait même un magazine sur lui… le fameux *Nouveau Détective*! Pour autant, il n'a jamais été confronté à la victime qui avait pourtant indiqué qu'elle pensait pouvoir reconnaître son agresseur. Il n'a pas non plus été interrogé sérieusement, notamment au sujet de sa possession du magazine en question. Il a tout simplement été relâché et le dossier a été clos. La police venait de créer un nouveau *cold case*…

Puis le dossier a été réouvert en 2018, au moment de l'arrestation de Dino Scala. Les enquêteurs ont alors convoqué cette femme pour lui poser cette question : « *Vous savez qu'une personne du nom de Dino Scala a été arrêtée. Le mode opératoire dont il usait est similaire à l'agression dont vous avez été victime. Souhaitez-vous déposer plainte contre Dino Scala pour le viol dont vous avez été victime?* C'est ainsi qu'une nouvelle plainte pour viol était déposée contre Dino Scala.

Après quatre ans de procédure au cours de laquelle mon client a affirmé avec constance qu'il n'avait rien à voir avec cette agression, il a été acquitté. Mais l'agresseur de cette femme n'a toujours pas été arrêté, alors que son nom est peut-être celui qui figure au dossier.

L'autre acquittement concernait une jeune fille de 13 ans ayant dénoncé une tentative de viol survenue en 2002, dont la plainte avait été égarée par les services de police. Entendue en 2018, elle indiquait, de façon infiniment intelligente, ne pas vouloir porter plainte contre Dino Scala avant que l'enquête ne puisse lui en « donner des raisons ». Elle réitérait en 2019 devant la juge d'instruction ne pas être sûre d'être une victime de Dino Scala. Pourtant, aucun acte d'enquête n'était accompli, pas même pour retrouver sa plainte égarée, ni pour déterminer ce qu'elle avait vécu. Elle précisait pourtant avoir expliqué à la police en 2002 ce qu'elle avait subi, indiquant même que le comportement d'un des policiers, qui ne l'avait pas crue, l'avait détruite. Un policier dont elle déclarait avoir épousé le neveu… Mais personne ne lui a demandé le nom dudit policier afin de l'entendre et de comprendre le contexte dans lequel la plainte avait pu disparaître. Strictement rien n'a été fait. Pas même la moindre vérification sur le véhicule de son agresseur qu'elle était certaine d'avoir identifié (qui ne correspondait pas au véhicule de Dino Scala).

Le jour de l'audition de cette femme devant la cour d'assises du Nord, elle a de nouveau confirmé, avec une certaine forme d'incompréhension, qu'elle ignorait si Dino Scala était son agresseur. L'accusation a alors reconnu, franchement gênée, que « *c'est aux enquêteurs de diligenter une enquête et de récolter des preuves* ». Les avocats généraux ont même renoncé à interroger l'accusé sur ces faits tant l'enquête avait été bâclée par les enquêteurs. D'abord en 2002, puis en 2018. Cette femme a dû repartir du procès avec le sentiment amer d'avoir été trompée, de nouveau, par la justice. Elle qui s'était montrée si digne à chacune de ses auditions, demandant simplement aux enquêteurs que son dossier soit pris au sérieux.

Et après ?

Lorsque le verdict a été rendu, il a été décidé d'en faire appel pour une raison : Dino Scala contestait être l'auteur de 14 délits pour lesquels il estimait avoir été condamné à tort. Il n'acceptait pas d'être condamné pour des faits commis par d'autres agresseurs. J'estimais moi-même que le risque d'une erreur judiciaire dans de tels dossiers ne pouvait qu'être néfaste à l'intérêt général. Dans le cadre de son suivi psychiatrique en détention, il a eu l'opportunité de réfléchir au sens de la décision rendue par la cour d'assises. Il a compris que les faits contestés pour lesquels il avait été condamné étaient exclusivement de nature délictuelle, et donc sans incidence sur la peine criminelle prononcée. Même s'il avait été relaxé pour ces faits délictuels, la peine aurait été maintenue. Le fait qu'il n'ait été condamné pour aucun crime contesté lui a permis de réaliser que sa sincérité avait été prise en considération. Surtout, il a expliqué dans le cadre de l'acte de désistement qu'il ne souhaitait pas imposer un second procès d'assises à sa famille, ainsi qu'aux parties civiles et victimes, le premier procès ayant été particulièrement éprouvant.

En dépit de la peine prononcée, devenue définitive, le dossier Scala ne s'est pas refermé.

En effet, le 30 juin 2022, les avocats généraux annonçaient dans le cadre du procès – par voie de presse et la veille de leurs réquisitions – que des investigations supplémentaires allaient être menées à l'issue du procès s'agissant de 14 nouveaux faits. L'article de presse en question, paru dans *La Voix du Nord*, relevait : « *Voilà donc le retour du tamis ! Au troisième jour d'audience, la police judiciaire avait expliqué avoir travaillé avec un "tamis à grosse maille", pour reprocher à Dino Scala un certain nombre d'agressions sexuelles commises dans le périmètre de la Sambre et restées à l'état de* cold cases. »[17]

Puis, toujours selon les médias, au printemps 2023, une instruction aurait été ouverte, portant cette fois sur 15 faits qualifiés de viols, tentatives de viols et agressions sexuelles entre 1988 et 2009[18].

17. « Affaire Dino Scala : pourquoi de nouvelles investigations vont être lancées », *La Voix du Nord*, 30 juin 2022.
18. « EXCLUSIF. Violeur de la Sambre : la justice pourrait imputer 15 nouveaux cas à Dino Scala », *Le Journal du Dimanche*, 7 mai 2023.

Des informations issues de l'instruction, de plus en plus précises, ne cessent depuis lors d'être communiquées dans la presse nationale et régionale[19]. Je ne doute pas du fait qu'il a encore été fait bon usage du « tamis » par les enquêteurs.

Le 1er juillet 2024, j'ai écrit à la magistrate en charge de cette instruction pour solliciter que mon client soit entendu pour s'expliquer et répondre aux accusations relayées dans la presse, en parfaite violation du secret de l'instruction. Tant que mon client n'est pas convoqué en vue de son éventuel mise en examen, la défense n'a pas accès au dossier et ne peut exercer le moindre droit. À ce jour, aucune réponse ne m'a été adressée.

Mon client n'est toujours pas, au moment où ce livre est publié en 2024, mis en examen pour les « nouveaux faits » pour lesquels il est pourtant

19. « Violeur de la Sambre : nouvelle enquête sur des faits non retenus de viols et agressions sexuelles », *Ouest-France*, 9 mai 2023 ; « "Violeur de la Sambre" : 14 nouveaux faits de viols et d'agressions sexuelles analysés par les enquêteurs », *La Dépêche*, 9 mai 2023 ; « "Violeur de la Sambre" : La justice enquête sur de nouveaux cas visant Dino Scala », *20 Minutes*, 9 mai 2023 ; « Dino Scala, le violeur de la Sambre visé par de nouvelles accusations », CNews, 12 avril 2024 ; « Violeur de la Sambre : de nouvelles accusations contre Dino Scala », *La Voix du Nord*, 13 avril 2024 ; « Violeur de la Sambre : deux nouveaux signalements analysés par la justice », *Libération*, 12 avril 2024.

continuellement mis en cause médiatiquement depuis 2022…

Des journalistes me contactent régulièrement pour savoir si Dino Scala a été entendu ou si son interrogatoire par la juge a été fixé. Je leur réponds que s'il est un jour convoqué, je l'apprendrai probablement moi-même par la presse.

Conclusion

Lorsqu'un sujet aussi ardu que la défense pénale des criminels paraît d'une évidence absolue, le risque est de n'engendrer que l'incompréhension. Le fait d'évoluer dans un petit monde, composé d'avocats pénalistes avec lesquels nous partageons à peu près tous les mêmes convictions n'arrange rien. On oublie que ce qui nous semble limpide, est loin de l'être pour l'immense majorité.

J'ai eu la chance d'avoir des échanges avec de proches amis qui n'y connaissent rien en droit pénal, jugent tout cela très opaque, et ne s'y intéressent pas particulièrement. Certains se sont interrogés sur l'affaire Scala lorsque sa médiatisation a pris un peu d'ampleur. C'est ainsi qu'une de mes amies m'a récemment avoué, un peu embêtée, ne pas comprendre comment je pouvais défendre un homme coupable de viols. Elle n'osait pas me le dire, car elle craignait que nos points de vue soient trop éloignés et que l'on se fâche. J'ai adoré parler avec elle. Et notre échange a bien évidemment été apaisé. Lorsqu'elle a lu le manuscrit que je lui ai adressé avant publication (c'était l'épreuve du feu), ses mots ont été à peu près les mêmes que ceux de cet homme qui a saisi la manche de ma robe d'avocat le premier jour du procès.

Il me semble qu'elle aussi a compris.

La justice pénale est une justice rendue au nom de la société. Or, j'ai le sentiment qu'en matière de violences sexuelles, la société s'est fermée au dialogue et ne cherche plus à comprendre ce qu'il se passe devant les cours d'assises et les tribunaux. Certains médias se vautrent allègrement dans les préjugés, les réseaux sociaux diffusent les idées reçues et la haine. On s'éloigne de plus en plus des principes fondateurs de l'institution judiciaire, à tel point que la présomption d'innocence et le secret de l'instruction semblent être devenus des concepts théoriques… Comment la justice pourrait-elle prospérer dans de telles conditions ?

Ne pas prendre au sérieux les dérives constatées dans le traitement de ces affaires dans l'enceinte judiciaire, et autour de celle-ci, pourrait être assimilé à une acceptation de son caractère approximatif et, *de facto*, injuste. Personne ne doit accepter une justice pénale approximative, ni un traitement médiatique sans nuance d'affaires humaines complexes. Chacun doit avoir conscience que les pré-jugements médiatiques sont aussi dangereux que les remises en question publiques de décisions de justice devenues définitives. Le fait d'identifier et de dénoncer des dérives scandaleuses ne doit pas permettre d'en créer, voire légitimer, d'autres.

Ce livre a été écrit au fil d'échanges qui se sont étalés sur plusieurs années avec Plana Radenovic. La particularité de son approche est qu'elle accordait la même attention au discours de chacun des protagonistes du procès. Nos échanges et le livre qui en est résulté sont la preuve qu'il est encore possible d'avoir un dialogue apaisé sur un sujet aussi grave que les violences sexuelles faites aux femmes.

Postface

Quand Margaux Mathieu m'a proposé de défendre à ses côtés Dino Scala devant la cour d'assises de Douai, je me suis immédiatement plongée dans cet épais dossier, avec une question en tête. Quel était le positionnement de cet homme par rapport aux faits reprochés ? Depuis ma prestation de serment, je me suis résolue à « les défendre tous »[20]. Tous donc, quoi qu'ils aient fait, mais pas nécessairement quoi qu'ils en disent.

En l'occurrence, Dino Scala comprenait la gravité de ses actes et estimait lui-même mériter une lourde peine d'emprisonnement. Il aurait pu refuser de comparaître à son procès, il aurait pu choisir le déni ou le mutisme. Il n'avait rien à y gagner et pourtant, il a choisi de se confronter à ses crimes, d'avouer et de présenter ses excuses. Son procès allait permettre

---

20. Albert Naud, *Les Défendre tous*, Robert Laffont, 1973.

à de nombreuses victimes de le voir reconnaître les faits, sans minimiser, sans justifier, sans expliquer, car toute forme de justification aurait été insupportable. Il était donc loin d'être indéfendable, si tant est que certains accusés le soient.

Avant le début du procès, il n'y avait quasiment aucun doute : cet homme serait condamné à vingt ans de réclusion criminelle. Mais alors, si nous n'allions avoir aucune incidence sur la peine prononcée, quelle serait notre utilité ? Allions-nous seulement servir de faire-valoir permettant à notre Justice de se vanter du fait que, dans notre pays, même « les monstres » ont le droit à un avocat ? Beaucoup espéraient sans doute que nous jouerions notre rôle sans trop de bruit, ni trop de vagues. En défendant un homme qui ne bataillait pas, nous pensions que notre mission se résumerait à un accompagnement dans le cadre de débats relativement apaisés. Mais on n'a jamais autant reproché à un homme d'avouer ses crimes. Dino Scala a tour à tour été accusé de n'avouer que lorsqu'il était confondu par son ADN[21] ; d'avouer pour garder le contrôle sur ses victimes ; pour conserver l'attention sur lui ; d'avouer sans entrer dans les détails, pour se débarrasser,

21. L'ADN de Dino Scala a été retrouvée dans le cadre de cinq viols et deux agressions sexuelles alors qu'il en a reconnu quarante.

ou encore en pinaillant. Ses aveux étaient forcément opportunistes, manipulateurs, voir diaboliques. Nous avons rapidement compris que le but de l'accusation n'était pas faire justice ensemble, mais d'imposer, seule, sa vision de la justice.

Il a donc fallu se battre pour que chacun des mots de l'accusé ne soient pas systématiquement réinterprétés sous le prisme de la perversion. Maintenir des débats sereins était en effet essentiel pour que les victimes et la société puissent entendre ses aveux et ses excuses. Le dialogue judiciaire a parfois été renoué, pour quelques instants, lors de l'intervention de victimes ou d'experts. Alors, pour cela, rien que pour cela : oui, il fallait accepter d'être un pion dans une partie d'échecs perdue d'avance.

Le terme « audience » est emprunté du latin *audientia*, « *attention donnée à la parole, action d'écouter* »[22]. Pendant les trois semaines d'audience, nous avons pourtant dû affronter une accusation sourde, virulente et incapable de s'adapter aux contritions de Dino Scala. Cette accusation, massive, était venue non pas pour écouter, certainement pas pour débattre, encore moins pour comprendre, mais pour en découdre, coûte que coûte, malgré les aveux. Chacun maintenait sa posture, bloquant ainsi le dialogue judiciaire. Certains allant jusqu'à réfuter

22. Dictionnaire de l'Académie française, 9e édition.

ne serait-ce que la possibilité de remords sincères de l'accusé, malgré les conclusions de plusieurs experts psychiatres en ce sens, jetant inutilement de l'huile sur un feu déjà ardent.

Faire croire que les actes les plus terribles ne peuvent être commis que par des monstres irrécupérables n'a pourtant jamais aidé personne à se reconstruire : ni la victime, dont l'agresseur recouvrera un jour la liberté, ni l'auteur, dont l'évolution est la seule perspective souhaitable pour permettre sa réinsertion et prévenir la récidive. L'un des sujets de ce livre est donc de faire entendre la voix de ceux qui comme nous, avocates de la défense, cherchent la lueur, là où semble ne régner que l'obscurité.

Jane Peissel
avocate

Remerciements

Écrire sans le soutien et l'aide de ses proches est une tâche impossible. Je remercie Clément J., Isabelle M., Astrid S., Chloé D., Cécile M., Nitish K., pour leur relecture du manuscrit. Leur point de vue m'a permis de mieux comprendre ce qui m'échappait.

Je remercie ma collaboratrice, Claire Roger-Petit, pour ses conseils de lecture avisés, ses suggestions fines et intelligentes, et pour nos discussions passionnantes.

Je remercie mes confrères avec lesquels j'ai tant échangé au sujet de ce dossier, certains étant « sur l'autre rive », mais aussi les journalistes comme Plana qui regardent les affaires judiciaires sous tous leurs angles.

Je remercie tous ceux qui ne restent pas fermés face à tant de violences, et qui acceptent d'ouvrir le dialogue.

Margaux Mathieu

La collection

Les faits divers interrogent nos choix et notre perception de la vie. Créée et dirigée par Plana Radenovic, la collection « Polars réels » a pour ambition de donner la parole aux acteurs des affaires judiciaires – avocats, magistrats, victimes, mis en cause, enquêteurs, experts – et, plus largement, à tous ceux capables de raconter un dossier d'instruction comme un polar réel.

Table des matières